5년 후 나를 생각했을 뿐인데

커리어 비전, 35년 직장생활 성공의 힘!

5년 후 나를 생각했을 뿐인데

김홍식 지음

KMAC

추천의 글

저자를 CHO로 처음 만난 것은 제가 LG CNS CEO로 부임한 때였습니다. 당시 회사는 구조적인 위기를 극복하고 다시 일어서야 하는 중요한 시기였습니다. 우리는 경쟁에서 이기기 위해 구성원 각자가 기술 역량을 높여야 하며, 회사는 그 역량이 유기적으로 연결·작동하는 조직이 되어야 함을 분명히 인식하고 기술 중심 회사로 재편하기로 뜻을 모았습니다. 그리고 임원들에게 물었습니다.

"본인이 근무하는 기간 동안 반드시 이루고 싶은 일은 무엇인가요?"

이 책에서 말하는 '핵심 경쟁력'과 '5년 후 자신의 모습'이라는 주제는 당시 우리가 경영의 본질을 세우기 위해 고민하던 물음이 개인에게도 그대로 적용된다는 점을 보여줍니다.

AI가 직무와 산업의 구조를 빠르게 재편하는 시대에 직장인이 맞닥뜨린 현실은 결코 가볍지 않습니다. 이러한 때 '내 핵심 경쟁력은 계속 유효한가, 5년 후 나는 어떤 커리어 비전을 가져갈 것인가'라는 본질적인 질문으로 돌아가 자신의 전문성과 비전을 다시 세우는 일은 모든 직장인이 반드시 고민해야 할 과제입니다. 이 책은 바로 그 질문에 대한 실천적 답을 제시해 줄 것입니다.

김영섭 KT 대표이사

"미래를 알고 싶다면 그 미래를 직접 설계하라"라는 말이 있습니다. 40여 년간 기업에 몸담고 있는 사람으로서, 저는 커리어의 성공은 정해진 운명이나 우연의 산물이 아니라 잘 설계된 선택과 경험이 축적된 결과물임을 직접 확인해 왔습니다. 하지만 많은 이들이 일의 의미와 방향성조차 찾지 못해 방황하는 모습 또한 자주 목도하곤 했습니다.

이 책은 개념으로 가득 찬 지침서가 아니라, 독자들이 어떻게 자신의 커리어를 설계하면 좋을지 알려 주는 구체적인 실천서이기에 더욱 반갑게 느껴졌습니다.

빠르게 변화하는 시대일수록 속도보다 방향이 중요합니다. 커리어를 쌓아 가는 여러분에게, 이 책은 자신의 길을 흔들림 없이 걸어가도록 돕는 훌륭한 나침반이 될 것입니다.

정철동 LG디스플레이 대표이사

기업의 경쟁력은 구성원 개개인의 성장에서 비롯됩니다. 구성원이 스스로 자신의 경력과 삶을 주도할 때 비로소 조직의 성과와 성장도 만들어진다고 믿습니다. 이러한 점에서 저자가 이야기하는 '커리어 비전'은 불확실한 미래를 헤쳐 나가야 하는 많은 기업에게 매우 중요한 가치입니다.

이 책에는 조직의 구성원이 주도적으로 자신의 경력과 인생을 설계할 수 있도록 돕고자 한 저자의 고민과 철학 그리고 현장에서 쌓아 온 경험이 고스란히 담겨 있습니다. 급변하는 환경 속에서 자신의 커리어 목표를 분명히 세우고, 그 여정을 주도적으로 만들어 가고자 하는 모든 이들에게 든든한 길잡이가 되어 줄 것입니다.

또한 개인과 조직이 함께 성장하는 환경을 만들며 더 많은 구성원이 커리어 비전을 찾고 실현할 수 있도록 지원을 아끼지 않는 기업에도, 이 책은 큰 영감을 더할 것이라 확신합니다.

문혁수 LG이노텍 대표이사

가까운 곳에 바람 쐬러 가는 사람은

세 끼만 먹고 돌아와도 배가 부르지만,

백 리를 가는 사람은

전날 밤부터 양식을 찧고

천 리 길을 가는 사람은

석 달 동안 양식을 모으는 법이다.

-장자 『장자: 소요유(逍遙遊) 편』-

(전호근 『장자강의』 에서 재인용)

들어가며

'둥근 해(미친 거) 또 떴네.'

요즘 MZ세대 직장인이 월요일 아침이 되면 사용하는 밈(Meme)이라고 합니다. "아, 회사 가기 싫다"라는 말을 달고 사는 그들은 "월루(월급 루팡)가 꿈"이라고 공공연하게 말하기도 합니다. 몇 년 전 한 조사[1]에서는 직장인 10명 중 8명 이상이 출근만 하면 무기력해지는 '회사 우울증'에 시달린 경험이 있다고 응답하기도 했습니다. 치

1) 잡코리아, '직장인 83.5% 회사 우울증 경험', 잡코리아 콘텐츠Lab, 2018.6.12

열한 취업 경쟁을 뚫고 기쁜 마음으로 시작한 직장생활이 왜 지금은 '월루'를 꿈꾸고 회사 우울증을 고민하는 상황으로 바뀌었을까요.

앞선 조사 결과를 보면, 직장인이 회사 우울증에 시달리는 이유는 다양하지만 '내 미래에 대한 불확실한 비전'이 가장 큰 이유로 지목됩니다. 인생의 '리즈 시절'을 보내며 성장을 꿈꿔야 할 직장에서 이렇게 무기력하고 힘들어하는 현실이 안타깝기만 합니다. 직장생활 동안 미래에 대한 청사진을 만들지 못하는 것 또한 불행한 일이 아닐 수 없습니다.

필자는 1989년 LG그룹 신입사원으로 입사해 2025년 부사장으로 은퇴하기까지 약 35년간 근무하며 그룹 내 6개의 회사를 거쳤습니다. 퇴직하기까지 LG그룹 내에서 이렇게 오랜 기간 꾸준히, 그리고 다양한 회사를 경험하며 일할 수 있었던 것은 행운이었습니다. 한편으론 더 잘할 수 있었는데 하는 아쉬움이 남습니다.

그런 가운데도 스스로를 위로하는 것은 직장생활 내내 '커리어 비전(Career Vision)이 이끄는 삶'을 살았다는 자부심입니다. 소위 워라밸은 생각할 수도 없는 환경에서 격무에 시달리면서도 일과 삶을 통합하는 방법론인 커리어 비전을 개발했고, 이를 실천에 옮겨 목표한 바를 성취할 수 있었습니다. 무엇보다 스스로 삶을 계획하고 성취해 나가는 과정을 통해 행복한 직장생활을 했다고 자부합니다. 더 나아가 이 방법을 동료와 후배들에게 제시함으로써 그들이 직장생활의 동기를 되찾고 자신의 인생을 새롭게 설계하는 데 일조했다는 뿌듯함이 있습니다.

물론 필자가 직장을 다닌 시기는 대체로 회사가 성장일로를 달리고 있었고, 요즘과 같이 글로벌 경쟁이 치열하여 성장하기 어려운 시기가 아니었다고 이야기할 수도 있습니다. 틀린 말은 아닙니다.

하지만 회사가 아무리 성장한다고 해도 그에 속한 모든 개인이 성장하는 것은 아닙니다. 필자의 직장생활 동안에도 IMF 외환위기와 글로벌 금융위기 같은 국가적 격변으로 인해 회사의 성장이 멈추고 끝없이 추락하는 일이 적지 않았습니다. 회사와 개인에게 성장과 위기가 반복되는 상황은 과거도 지금도 다르지 않습니다.

그렇기에 이 책을 관통하는 주제이자 필자의 직장생활을 성공적 마무리로 이끈 '커리어 비전'은 현재의 직장인들에게도 유효한 방법론입니다. 동시에 직장 선배로서 어떻게 하면 후배 직장인들이 무기력하고 우울한 직장생활을 벗어나 자신의 미래를 스스로 설계하고 일과 삶을 통합하게 할 수 있을까라는 고심 끝에 찾은 해답이기도 합니다.

커리어 비전은 '스스로 커리어를 디자인하라'라는 모토 아래 '핵심 경쟁력(Employability)'과 '미래상(Future Self)'이라는 키워드로 대변

할 수 있습니다. 목표는 직장생활에서 스스로 동기부여 하며 매일 성장감을 느끼고 일의 보람을 찾을 수 있도록 고민하게 만드는 것입니다. 아울러 자신만의 장점과 특성을 살려 직장생활을 계획하고 실행하는 데 도움을 주는 방법론입니다.

또한 커리어 비전은 회사의 성장에 개인이 어떻게 기여할 것인가가 아니라, 개인의 성장을 회사의 성장과 어떻게 일치시킬 것인가에 초점을 맞추고 있습니다. '회사가 성장하면 개인의 성장도 보장된다'라는 말을 지지하는 직장인은 이제 많지 않습니다. 직장의 개념이 달라졌기 때문입니다. 이제는 역으로 '개인이 성장해야 회사도 성장할 수 있다'라는 인식의 전환을 요구합니다. 성장할 의욕이 있고 스스로 동기부여 하며 커리어에 대한 확고한 신념을 가진 개인 없이는 회사도 성장을 담보할 수 없습니다.

이러한 커리어 비전에 대해 필자 스스로도 고민이 많았습니다. 성공적인 직장생활을 위해 수많은 자기계발서와 목표 관리, 동기부여, 성공 습관, 인생 경영 등에 대한 책을 읽었습니다. 대부분은 주제와 관련된 심리학적 실험을 통해 만든 이론서였습니다. 그 이론들을 익히면서 실마리를 찾았고 실제 적용할 수 있는 방법을 추릴 수 있었습니다.

그리고 이를 35년의 직장생활 동안 일관성 있게 실천해 보면서 그때그때 결과를 정리했습니다. 그렇게 만든 것이 이 책에서 소개하는 '커리어 비전 방법론'입니다.

또한 이 책에는 그간 참고한 이론들뿐 아니라 실행 과정에서 겪은 실제 시행착오와 성공의 체험을 담았습니다. 일회성이 아니라 오랜 직장생활을 통해 누적적으로 적용해본 결과를 정리해 제시한다는 점에서, 이 책은 필자의 35년 직장인 인생이 녹아 있는 성장기(成長記)라고 할 수 있습니다.

결국 이 책은 읽고 나면 휘발되는 막연한 '지침서'가 아니라 누구나 당장 따라 해볼 수 있는 '실천서'입니다. 이 점이 기존의 비전을 다룬 책들과 차별화되는 지점입니다.

이 책은 성공적인 직장생활을 통해 자신의 꿈을 이루며 살고 싶은 MZ세대 직장인을 위해 썼습니다. '나의 성장과 회사의 성장을 일치시킨다.' 필자의 '인간존중경영' 모토입니다. 성장하는 내가 있어야 회사도 성장합니다. 현명한 이기주의자가 회사를 성장시킵니다. 이 책은 그런 이들에 바치는 일종의 헌사입니다.

반대로 회사는 성장하는데 나는 정체된다고 불안해하거나 불만을 느끼는 이들에게도 이 책은 유용합니다. 불평을 늘어놓거나 그냥 회사를 떠나기엔 지금 여러분의 회사가 줄 수 있는 것들이 매우 많습니다. 어쩌면 삶의 지향점으로 나아가는 데 더할 나위 없이 좋은 기회의 터전일 수 있습니다. 다시 말해 회사를 떠나는 선택을 하기 전에 우선 회사에서 성장하면서 회사도 성장시키는 성공적인 직장생활을 시도해 봐야 합니다. 그럴 수 있도록 돕는 것이 이 책의 취지입니다.

이제 책을 읽는 여러분의 시간입니다. 요즘 세대의 관심은 자신의 삶에 대한 주도성과 통제권을 갖는 것이라고 합니다. 자신의 삶을 스스로 이끌어 가고 싶다면 이 책을 따라 나만의 커리어 비전을 만들고 실행해 보기 바랍니다. 누가 내 인생을 대신 살아 주지 않습니다. 오직 나만이 내 삶의 주인입니다. 미래를 향해 나아가려는 새로운 여정의 출발점에서 이 책이 그 문을 활짝 열어 주기를 기대합니다.

책 읽기 전의 마음가짐에 대해

바로 책 속으로 들어가기 전에 당부의 말이 있습니다. 책 내용을 보다 효과적으로 이해하고 활용하기 위한 마음가짐에 관한 것입니다.

첫째, 철저히 자신만을 생각하세요.

그동안 커리어 비전 워크숍을 진행할 때마다 참여자들에게 강조해 온 말입니다. 비용 효율 때문에 25명을 모아 놓고 워크숍을 진행하긴 하지만 원래의 타깃은 개인, 즉 한 사람입니다. 워크숍 도중 공유되는 다른 사람의 커리어 비전에 대해서도 단순 참고만 할 뿐 오직 자신에게 집중하라고 이야기합니다. 이 책을 읽는 독자 역시 철저히 자신에게 집중할 필요가 있습니다.

두 가지 이유에서입니다. 우선 회사를 다니면서 자신에게 집중할 시간이 거의 없기 때문입니다. 쏟아지는 정보, 경쟁적인 회사 분위기 등 여러분을 둘러싸고 매일 쳇바퀴처럼 돌아가는 많은 것들이 스스로를 돌아볼 기회를 허락하지 않습니다. 그러나 자기자신을 잘 아는 것만큼 중요한 것은 없습니다. 모든 일의 시작은 객관적인 현실 속에서 자신을 아는 것입니다.

다음으로 성장 배경, 업무 환경, 성격 등이 개인마다 다르기 때문입니다. 따라서 고민도 다르고 해결 방법도 다 다릅니다. 그러니 적어도 이 책을 읽거나 생각하는 동안만큼은 다른 누군가가 아닌 나 자신에게 집중해야 합니다. 나의 특성을 바탕으로 어떤 커리어 비전을 가질지 깊은 고민이 필요합니다.

둘째, 냉엄한 현실 인식이 모든 것의 출발점입니다.

이 책의 많은 내용은 속칭 돌직구에 가깝습니다. '좋은 게 좋다'라는 식은 없습니다. 커리어 비전을 만들고 실행하는 데 필요한 기본 전제는 내 앞의 엄중한 현실을 절감하는 것이기 때문입니다. 이 전제에서 누구도 예외가 될 수 없습니다. 자기 인생을 앞에 두고 낭만적인 상상을 하는 것은 팍팍한 현실에 어울리지 않습니다.

워크숍 때도 참여자들에게 "돌직구와 짱돌을 던지겠다"라고 말하곤 합니다. 그래선지 서론 강의를 시작하면 다들 낯빛이 어두워집니다. 하지만 오히려 좋은 신호입니다. 냉엄한 현실을 인식하기 시작했다는 뜻이니까요. 이 책을 읽는 독자도 마찬가지입니다. 누구도 피해 갈 수 없는 엄혹한 현실의 실체를 깨달았다면 비로소 커리어 비전을 만날 준비가 됐다는 뜻입니다.

셋째, 사례는 남의 것, 문제는 나 자신입니다.

이 책에서 설명하는 커리어 비전에 대해서는 기존 자료가 거의 없습니다. 커리어 비전 워크숍 역시 이론적 강론보다는 주로 체험담, 실행 방안 등 실천적 자료가 주를 이룹니다. 왜일까요. 앞서 말했듯 커리어는 개인별로 다 다르기 때문입니다.

책에 나오는 사례는 결국 내 것이 아닙니다. 필자의 경험도 결코 정답이 될 수 없습니다. 하나의 실천 사례일 뿐입니다. 그것을 참고해 자기 나름의 커리어 비전을 수립하고 실행할 것을 강조하는 것이지, 그대로 해야 한다는 뜻이 아닙니다.

여러분의 커리어 비전은 여러분 스스로 만들어야 합니다. 오롯이 감당하고 고민한 만큼 미래를 구체적으로 설계할 수 있습니다.

자, 준비가 됐다면 커리어 비전을 향한 여정을 시작해 볼까요.

목 차

추천의 글 4

프롤로그

들어가며 9

책 읽기 전의 마음가짐에 대해 15

I. 나는 왜 회사에 다니는가

MBA의 추억: 커리어 비전의 탄생 25

왜 우리는 길을 잃는가 30

지금 세 가지 질문을 해봅시다 35

지금 하는 일이 가치 없다 생각될 때 47

II. 인생의 관점에서 직장생활 들여다보기

인생에는 세 가지 주기가 있다 55

핵심 경쟁력: GPS보다 나침반 66

커리어 비전이란? 71

스킬과 포지션(직위) 그리고 일정 시점 / SMART /
진북(True North)을 향해 /
예측 사고(Forecasting)와 역예측 사고(Backcasting) / 일정 시점 5년

III. 직장인의 균형 잡힌 커리어 비전

깨진 나무 물통의 법칙 97

균형 잡힌 커리어 비전의 3요소 100

개인 비전 / 가족 비전 / 재무 비전

IV. 커리어 비전의 실제: Case Study

1차 커리어 비전 119

신입사원의 고민 / 대성공

2차 커리어 비전 129

과감해진 목표 / 실패와 반전

3차 커리어 비전 139

커리어 피보팅 / 성공의 포뮬러

V. 커리어 비전이 성공할 수밖에 없는 이유

성장 마인드셋으로 작동한다 153
미래의 내가 가깝게 느껴진다 155
중요한 일에 중요한 만큼의 시간을 투자한다 157
다섯 가지 행동의 복리 효과를 누린다 161

VI. 커리어 비전, 어디서부터 시작할까: 실행을 위한 5 Essences

나만의 커리어 비전을 구체화하라 177
모든 일을 접근 프레임으로 보라 180
넛지(Nudge)와 디폴트(Default)를 활용하라 182
루틴(Routine)을 리추얼(Ritual)화 하라 187
초기 시행착오를 극복하라 191

VII. 커리어 비전과 행복의 함수

커리어 비전이 바꾼 사람들 201

커리어 비전이 만드는 행복 205

나를 넘어서 공동체의 행복으로 208

누구나 커리어 비전을 갖고 있다면 210

에필로그

필자의 커리어 비전은 현재 진행형입니다 215

나오며 218

부록

커리어 비전 워크북 224

자투리 독서법 232

I

나는 왜
회사에 다니는가

나침반의 바늘이 분명하면 할수록

그 방향으로 가지 않을 때가

확실하게 드러난다.

– 스티브 도나휴 『사막을 건너는 여섯 가지 방법』 –

MBA의 추억: 커리어 비전의 탄생

2001년 가을, 미국 시애틀의 워싱턴주립대학교 교정은 온통 붉은 색으로 물들어 있었습니다. 고운 단풍이 든 벚나무 아래 벤치에서 커피 한 잔을 들고 상념에 잠겨 있을 때, 여러 무리의 학생들이 쏟아져 나왔습니다. 막 수업이 끝났던 모양입니다.

수많은 나라에서 온 다양한 인종의 젊은이가 인파를 이루며 지나가는 순간, 문득 이런 생각이 들었습니다. '학교 다닐 때 그렇게 오고 싶던 유학이었는데, 마침내 여기서 이렇게 전 세계의 젊은 친구들과 함께 공부하고 있네…. 어떻게 이런 행운이 찾아왔을까.'

당시 필자는 LG전자 한국영업본부에서 단 한 명을 뽑는

GEMBA (Global Executive MBA) 대상자로서 가족과 함께 유학을 온 차였습니다. 까다로운 선발 과정과 본부장 인터뷰를 거쳐 최종 대상자로 선정되어 타 사업본부 대상자 30명과 함께 GEMBA 과정에 입학하는 행운을 얻었습니다.

그 기회를 '행운'이라고 표현했지만 실은 행운의 여신이 준 선물은 아니었습니다. 신입사원 때부터 '커리어 비전'을 세우고 부단히 실천한 결과였기 때문입니다. 즉 하늘이 준 기회가 아니라 필자 스스로 도전하는 가운데 열린 기회였습니다. 나중에 자세히 설명하겠지만, 여기서 말하는 커리어 비전은 필자가 매 5년마다 회사에서 어떠한 '핵심 경쟁력(Employability)'을 바탕으로 성장해야 할까를 고민한 후 설정한 미래상(Future Self)입니다.

다시 워싱턴주립대 교정으로 돌아가면, 남다른 행복감에 젖는 한편으로 머릿속에 불현듯 떠오르는 이들이 있었습니다. 한국에 남아 있는 동료와 후배들이었습니다. '왜 그들은 좋은 역량을 가지고도 이런 기회를 잡지 못한 걸까.' 질문은 또 다른 질문으로 이어졌습니다. '그들에게도 자신만의 커리어 비전을 만들고 생각할 시간을 주면 좋지 않을까.'

그때부터였습니다. 필자 혼자 누리던 커리어 비전의 혜택을 동료와 후배들에게 전파할 방법을 고민하기 시작한 것이. 우선은 필자가 실행해 온 커리어 비전 수립 방법을 정리하고 그것을 워크숍 커리큘럼으로 만드는 작업을 시작했습니다.

그리고 학업을 마치고 귀국한 후 혁신 부서에서 일하게 되자, 망설임 없이 '커리어 비전 워크숍 기획안'을 만들어 상사에게 제출했습니다. 하지만 보고 결과는 참담했습니다. "다들 바쁜데 왜 한가하게 그런 걸 하느냐"라는 핀잔과 함께 기획안은 휴지통으로 직행하고 말았습니다.

그로부터 8년이 지난 2010년, 다시 한번 기회가 찾아왔습니다. 유통 마케팅에서 HR로 커리어를 전환한 후에 LG생활건강의 최고 인사책임자(CHO)가 됐을 때입니다. 당시 LG생활건강의 CEO는 미국 기업에서 직장생활을 시작해 사장까지 역임하고 LG로 온 분이었습니다. 그는 핵심 인재 육성에 관심이 많았는데, 예를 들어 P&G의 마케팅 인재 육성 프로세스를 도입해 마케팅을 중심으로 한 사업 운영 체계를 만드는 등 기존에 LG가 해오던 방식과는 다른 인재 경영 시스템을 운영하고자 했습니다.

그때 '이런 CEO라면 분명 직원들의 커리어에 대한 관심이 많을 거야'라는 생각이 들었습니다. 곧 책상 서랍 속에 묵혀둔 커리어 비전 워크숍 기획안을 꺼내 수정 보완했고, 용기를 내 CEO를 찾아갔습니다. 이번 보고 결과는 어땠을까요. 예상대로 성공! 직원들에게 꼭 필요한 과정이라면서 빨리 실행해 보라는 것이었습니다. 그 길로 한달음에 교육 부서로 내려가 워크숍 세부 일정 조율과 콘텐츠 정비에 들어갔습니다.

그렇게 2010년, 커리어 비전에 대한 아이디어를 떠올린 지 10년 만에 첫 워크숍의 문을 열었습니다. 처음이라 일부 시행착오는 있었지만, 취지와 내용에 대해서는 직원들의 반응이 매우 뜨거웠습니다. 마침 톡톡 튀는 신입사원들이 대거 입사하면서 회사 내에서 인재 육성에 대한 기대 수준이 높아진 상황도 긍정적으로 작용했습니다.

이 파일럿 과정의 성공에 힘입어 커리어 비전 워크숍은 정규 과정으로 편성됐습니다. 참가 대상도 대리, 과장 등으로 세분화하고 직급별로 콘텐츠를 차별화해서 더 좋은 반응을 얻었습니다.

후일 LG CNS로 이동해서는 IT 인력을 위한 커리어 비전 워크숍을 진행했습니다. 그들의 반응은 더 뜨거웠습니다. 매일 좁은 분야에서 쳇바퀴 돌듯 기계 언어와 싸우는 엔지니어들에게, 일상에서 한 발 떨어져 자신의 성장을 고민한다는 것이 획기적인 체험이었나 봅니다. 예상보다 더 큰 반응에 팀장으로까지 대상을 확대해 진행했고, 커리어 비전 워크숍은 LG CNS 교육의 상징적 과정으로 자리매김했습니다.

나아가 LG에너지솔루션에서는 커리어 비전 워크숍이 직원 교육 프로그램을 넘어 커리어 상담에 희망 부서 근무 기회까지 매칭해주는 '성장 지원 조직'으로 발전했습니다. 또 LG이노텍에서는 리더인 팀장부터 워크숍을 시작해 커리어 비전을 회사 내 공통 언어로서 사용하게 하고, 워크숍을 경험한 팀장이 추천하는 인재에게 워크숍 참여 기회를 제공하는 방식으로 프로그램의 효과를 높였습니다.

마치 나비효과처럼, 워싱턴주립대 교정에서 시작한 필자의 작은 고민이 이제 LG그룹 주요 회사의 직원 성장 지원 프로그램으로 자리 잡았습니다. 무엇보다 커리어 비전 워크숍은 직원 스스로 회사에서 경쟁력을 가진 인재로 성장하겠다는 내적 동기를 불러일으키는 계기가 되고 있습니다.

10년차 직장인의 고민

(LG이노텍 직원들의 실제 커리어 비전 워크숍 경험담이 궁금하다면 QR코드를 확인하세요)

왜 우리는 길을 잃는가

"자신이 향하는 곳을 모른다면 결국 목표 지점과 다른 곳에 도착하게 될 것이다(If you don't know where you're going, you'll probably end up somewhere else)."

"끝날 때까지 끝난 게 아니다(It ain't over till it's over)"라는 말로 유명한 미국 메이저 리그 야구(MLB)의 전설 요기 베라의 또 다른 격언입니다. 필자가 신입사원 소프트 랜딩 교육을 할 때 매번 하던 질문이 있습니다. "이 회사는 여러분이 수십 대 일의 경쟁을 뚫고 들어온 곳입니다. 그런데 여러분의 선배 중 매일 출근하고 싶어서 마음이 설레는 사람은 몇 %일까요?"

질문에 대한 답은 그다지 신통치 않습니다. 대체로 20%도 안 될 것이란 반응입니다. 극단적으로는 10% 이하라는 수치도 제시합니다. 이때 다시 묻습니다. "그렇다면 여러분은 왜 이런 회사를 들어오기 위해 수년간 뼈 빠지게 준비했나요." 아무 대답이 없습니다.

갓 입사한 사원들의 눈은 하나같이 초롱초롱합니다. 선배가 물어보면 자신의 목표는 적어도 임원이 되는 것이라고 서슴없이 대답하기도 합니다. 피 말리는 취업 경쟁을 뚫고 들어온 이들답게 패기가 넘칩니다. 그런데 몇 주 또는 몇 개월만 지나면 몇몇을 제외하고 대부분 얼굴에서 총기가 사라집니다. 의욕 없는 선배들 사이에 있다 보니 자신도 모르게 무기력을 닮아가는 것입니다. 왜 이런 현상이 벌어지는 것일까요.

필자의 진단은 '길을 잃었기 때문'이라는 것입니다. 직원 면담을 해보면, 일은 열심히 하고 있는데 직장생활이라는 긴 여정에서 자신이 어디에 있는지, 어디로 가고 있는지는 모르는 경우가 허다합니다. "앞으로 뭘 하고 싶으냐"라고 물으면 "글쎄요, 회사에서 시키는 대로 하는 거죠. 제가 하고 싶다고 할 수 있나요"라고 반문합니다.

연공과 직위는 올라가지만 정작 자신이 어디에 있는지는 모른다는 뜻입니다. 위치와 방향을 모두 잃어버린 것이죠. 주어진 일만 하다 보니 회사의 목표가 내 목표가 되어 살아온 것입니다.

지금은 많이 나아졌다고 하지만 역량에 대한 평가와 보상이 불분명한 것도 직원들로 하여금 길을 잃게 만듭니다. 평가와 보상이 제대로 이뤄지려면 상사 면담을 통해 개인의 역량이나 성과를 객관적으로 파악하고 그에 대한 보상을 통해 동기부여가 돼야 하는데 현실은 그렇지 못한 경우가 많습니다. 그저 정해진 비율에 따라 급여를 나누는 수단으로 평가와 보상이 이뤄집니다. 이런 관행이 지속되면 결국 직원들은 자신의 역량이 아니라 평가 등급만 신경 쓰게 됩니다.

무엇보다 역량과 성과에 대한 피드백이 없는 평가 등급은 개인의 성장에 아무 도움이 안 됩니다. 그런 상황에서 낮은 연봉 인상률이나 성과급을 통보받은 경우라면 회사에 대해 막연한 불만이 생길 수도 있습니다. 따라서 자신의 역량에 대해 명확히 이해하고 향후 변화 계획을 세울 수 있도록 공정한 역량 평가뿐 아니라 그 성과를 육하원칙에 따라 적절히 설명해 줘야 합니다.

한번은 회사에서 IT를 담당하던 A 팀장이 향후 커리어에 대한 상담을 요청한 적 있습니다. 그는 20여 년 동안 한 분야에서 일하며 전문성을 인정받은, IT 분야에서 잔뼈가 굵은 인물이었습니다. 평가 등급도 꾸준히 높았습니다. 그렇다면 회사에서 핵심 인재로 성장해야 하는데 그러지 못하고 있었습니다.

사실 A 팀장에게는 결정적 한계가 있었습니다. 그가 전문성을 가진 기술이 성장 가능성이 거의 없는 분야였던 것입니다. 그럼에도 직속 상사들은 해당 기술에 대해서만큼은 지식과 경험이 풍부한 A 팀장에게 좋은 평가를 해줬습니다. 당장 문제가 생기면 안 되기에 상사들에게도 대안을 고민할 여유가 없었을 것입니다. 하지만 그 결과 A 팀장은 성장 경로를 고민할 기회를 놓치고 말았습니다.

A 팀장과 커리어 면담을 하는 동안 필자는 막막하기만 했습니다. 회사 평가만 믿고 잘하고 있다며 만족하는 그에게 제안할 새로운 직무가 없었기 때문입니다. 앞으로 10여 년을 더 일해야 할 텐데 그의 기술 분야는 진부화돼 미래가 없었고, 이미 팀장으로 일하고 있어 더 높은 직위로 올라갈 가능성도 매우 희박했습니다.

많은 이들이 팀장이 되면 커리어를 잘 관리했다는 평을 듣습니다. 하지만 꼭 그렇지 않습니다. A 팀장처럼 길을 잃은 경우가 적지 않습니다. 몇 년간 같이 일해 온 상사들에게 A 팀장은 맡은 업무에 문제만 없으면 되는, 육성이 필요 없는 직원이었을 것입니다. 결국 A 팀장은 좋은 평가에 안주해 기술 전망을 살피는 데 소홀했습니다. 실제로 그는 앞으로 뭘 하고 싶냐는 질문에 "회사가 시키는 대로 해야죠, 제가 뭘 할 수 있겠습니까"라고 답했습니다.

이렇게 직장생활에서 길을 잃지 않으려면 반드시 자신의 성장 경로, 즉 커리어 비전이 필요합니다. 커리어 비전을 설정한다는 것은 몇 년 후 어떤 사람이 될 것인가, 즉 미래상을 정하는 것입니다. 산 정상을 향해 가는 과정에서 길을 잃지 않도록 지도에 경로를 표시하는 것입니다. 그렇기에 이 커리어 비전은 전적으로 자신이 설정해야 합니다. 여러 갈래 길 중 어떤 코스를 오를지는 개인이 처한 상황에 따라 달라지기 때문입니다.

지금 세 가지 질문을 해봅시다

우리는 인생을 산에 오르는 것에 곧잘 비유합니다. 회사를 다니는 것 역시 정상을 향해 가는 등산처럼 여깁니다. 그러나 하루하루 오르고 올라도 정상은 아직 멀기만 합니다. 원하는 곳에 도달하려면 적어도 10년, 20년이 걸립니다.

그러다 보면 직장생활은 산을 오르는 것이 아니라 사막을 여행하는 것으로 바뀝니다. 사막은 정해진 길도 없고 끝도 잘 보이지 않습니다. 어렴풋이 끝이 보인다 해도 도달하기까지 얼마의 시간이 걸릴지 쉽게 예측할 수 없습니다. 자칫하단 길을 잘못 들어 목적지로부터 영 멀어질 가능성마저 생깁니다.

여러분도 지금 사막 한가운데를 홀로 걷고 있지는 않나요. 그렇다면 자신이 제대로 된 방향으로 가고 있는지, 아니면 길을 잃었는지 확인해 보기 위해 다음 세 가지 질문을 던져 보기 바랍니다. 필자도 차장 시절에 스스로에게 던져 본 질문입니다.

1. 나는 왜 이 회사에 다니는가

뜬금없는 질문 같지만 꼭 대답해 봐야 할 질문입니다. 회사를 다니는 목적은 여러 가지가 있을 수 있습니다. 가장 많이 나오는 대답은 역시 '생계의 수단'이라는 것입니다. 실제로 많은 직장인이 "목구멍이 포도청이다", "토끼 같은 자식들 때문에 회사를 때려치우고 싶어도 그렇게 못한다"라고 말합니다. 요즘 젊은 세대는 '월급 노예'라는 표현도 서슴지 않습니다. 한마디로 월급 때문에 회사에 속박돼 어쩔 수 없이 다닌다는 얘기입니다.

물론 회사를 생계의 수단으로 보는 사람을 폄하하는 것은 아닙니다. 생계를 유지할 돈을 버는 것은 모든 직업인에게 일을 하는 중요한 이유 중 하나일 것입니다. 다만 '돈벌이'가 회사를 다니는 유일한 이유여서는 안 됩니다.

직장인에게 연봉은 매우 중요하고, 특히 요즘처럼 남들과 나를 비교하는 것이 당연한 세상에서 연봉은 그저 급여가 아니라 사회적 위상을 나타내는 지표가 되기도 합니다. 그러나 연봉 그 자체를 회사를 다니는 유일한 이유라고 생각하는 순간, 길을 잃게 될 수 있습니다.

경영 속담에 '장사가 잘되는 집은 일하는 동안 돈을 세지 않는다'라는 말이 있습니다. 돈을 세기 시작하는 것은 장사가 안된다는 신호라고 합니다. 왜 그럴까요.

장사가 잘된다는 말은 무엇인가 고객이 값을 지불할 만한 가치, 즉 경쟁력을 가지고 있다는 뜻입니다. 경쟁력에 신경을 쓰면 돈은 그 결과로 얻어집니다. 반대로 돈부터 센다는 것은 이미 경쟁력이 사라지고 있다는 뜻입니다.

회사를 다니는 것도 마찬가지입니다. 경쟁력이 있는 사람은 평가나 보상에 대해 상대적으로 덜 연연합니다. 만약 일의 가치와 성장보다 연봉부터 생각하는 자신을 발견했다면 이미 경쟁력을 의심해야 할 상황일지 모릅니다.

이제 앞선 질문의 답을 바꿔야 합니다. "먹고살기 위해 회사를 다닌다"에서 "회사가 성장의 기회를 주기 때문에 다닌다"로 말입니다.

실제로 지금 다니는 회사를 살펴보면 생각보다 더 많은 성장의 기회가 있음을 발견할 수 있습니다. 우선 회사에는 매우 다양한 업무가 존재합니다. 제조회사만 해도 R&D, 생산, 영업, 서비스 등 본원적인 업무 외에 구매, 인사, 재무, 홍보, 보안 등 지원(Staff) 업무도 다양하게 있습니다. 여러분은 이런 분업화된 업무 가운데 단지 하나의 좁은 분야에서 일하고 있습니다. 따라서 현재 분야에서 일의 깊이를 더할 수도 있겠지만 얼마든지 다른 분야에 도전해 역량의 폭을 넓힐 수도 있습니다.

뿐만 아니라 회사가 추진하는 다양한 사업도 개인의 성장 기회가 될 수 있습니다. M&A나 전략적 제휴, 해외 진출 등 사업의 확대는 대체로 기존 사업과 관련된 분야로 전개하는 것이 보통이므로, 새로운 분야에서도 여러분이 가진 역량과 스킬을 펼칠 여지가 충분합니다.

이러한 측면에서 좋은 회사란 성장하는 회사입니다. 회사가 성장한다는 것은 구성원의 입장에서 성장할 기회가 많아진다는 의미입니다. 사업 분야도 다양해지고 조직도 커지며 일할 자리도 더 생깁니다. 다만 여기서 관건은 이런 회사의 성장을 나의 성장 기회로 생각하느냐입니다.

필자가 LG생활건강 CHO로 있을 때의 일입니다. 당시 회사의 성장 전략 중 하나는 과감한 M&A였습니다. 건전한 포트폴리오를 구축하기 위해 음료 사업을 하기로 하고 몇몇 회사를 인수했는데, 그 과정에서 인수한 회사의 리더 자리가 비게 됐습니다. 그래서 핵심 리더들에게 인수한 회사로 갈 것을 제안했지만 대부분 한사코 거절했습니다. 지금도 잘하고 있는데 왜 사서 고생을 하느냐는 것이었죠.

반면 그중 몇몇은 과감히 새로운 자리에 도전했습니다. 다음해 인사 시즌 결과는 어땠을까요. 남아 있는 리더보다 새로운 사업에 도전한 리더에게 임원이 될 기회가 먼저 주어졌습니다. 성장세가 크지 않은 기존 사업과 달리 턴어라운드에 성공해 성장 구조를 가지게 된 신사업에는 새로운 임원 자리가 생겼기 때문입니다.

이처럼 회사의 다양한 업무와 사업 확대는 개인의 성장에 여러 기회를 제공합니다. 문제는 그 기회를 내 기회로 만들 수 있는가입니다. 다시 말하지만 회사는 '성장 기회를 주는 곳'입니다. 다만 그 기회는 회사의 성장을 나의 성장과 연계한 이들에게 주어집니다.

2. 나는 왜 열심히 일하는가

예나 지금이나 직장인은 회사에 가면 열심히 일합니다. 소위 '월루'

를 꿈꾼다고 말하지만 실제 회사에서 그렇게 하기는 쉽지 않습니다. 맡은 업무를 어떻게든 해내느라 정신없는 데다 회사는 물론 협력사, 고객사 사람들과도 네트워크를 쌓아야 합니다. 그러다 보면 '저녁이 있는 삶'은 멀어져 갑니다.

하지만 그렇게 불철주야 일해도 늘 박봉인 것만 같습니다. 내가 하는 일의 양보다 실제 받는 연봉은 언제나 적게 느껴집니다. 직장인이 떼돈을 버는 것도 불가능하니 노후에 안정된 삶을 꾸리기 위해서는 그 박봉을 쪼개 저축이나 투자를 해야 합니다. 필자 역시 그랬습니다.

아니, 필자는 남들보다 더 열심히 일했습니다. 특히 차장 때엔 잦은 야근과 회식으로 인해 새벽에 집을 나가 다음날 새벽에나 집으로 돌아오는 일상이 반복됐습니다. 자신도 일을 하면서 혼자 가사와 육아를 감당해 준 아내 덕분에 근근이 버티고 있었습니다. 요즘으로 치면 번아웃 직전이었던 것 같습니다.

그러던 어느 날이었습니다. 그래도 그날은 저녁식사 때를 몇 시간만 넘긴 밤 9시경 집에 들어갔습니다. 그런데 방 안에 진수성찬이 차려져 있었습니다. 그때 아내가 이렇게 말했습니다.

"평소 왜 당신이 남들과 똑같은 월급을 받으면서 야근도 더 하고 회식도 더 쫓아다니며 자주 술에 취해 집에 오는지 몰랐어요. 그런데 오늘 EBS 한 프로그램에서 어떤 분이 내가 묻고 싶은 질문을 하는 거예요. 당신의 남편이 왜 쥐꼬리만 한 월급을 남들과 똑같이 받으면서 남들보다 훨씬 더 일하고 있는지 아느냐고요."

오랜만에 집에서 먹는 저녁 밥상에 정신이 팔린 상황에서도 아내의 다음 말이 몹시 궁금했던 나머지 대답을 재촉했습니다. 그러자 아내가 이렇게 답했습니다. "바로 메인 스트림(Main Stream)에 들기 위해서래요."

순간 필자는 무릎을 '탁' 칠 수밖에 없었습니다. '아, 그렇다! 나조차도 내가 왜 열심히 일하는지 모른 채 앞만 보고 뛰었는데 이유가 이것이었구나!' 뒤늦은 깨달음이 뒤통수를 얼얼하게 했습니다.

그럼 여기서 메인 스트림이란 뭘까요. 바로 '회사의 주요 의사결정에 참여하고 업무를 주도하며 성과 창출에 기여해 회사가 망해도 끝까지 놓지 않는, 로열티와 핵심 경쟁력을 보유한 인재'입니다.

여러분은 어떤가요. 왜 자신이 남들보다 더 열심히 일하는지 생각해 본 적 있나요. 필자는 그 이유를 '메인 스트림'이라는 한 단어보다 더 잘 설명할 수는 없을 것 같습니다.

3. 그래서 행복한가

마지막 세 번째 질문은 '그래서 지금 직장생활은 행복한가'입니다. 우리가 일하는 이유, 메인 스트림에 들려는 이유도 다 행복하기 위해서입니다. 행복하다는 것은 뭘까요. 개인마다 다른 것이 행복의 정의입니다. 각자가 중요하게 생각하는 가치가 있을 것입니다. 다만 직장인이라면 회사를 다니는 것이 그 가치를 실현해 낼 때 행복한 것이겠죠.

여기 직장생활과 개인의 행복을 연결하는 질문들이 있습니다.

- ☑ 내 인생에서 이 회사를 다니는 기간은 어떤 의미인가?
- ☑ 회사를 다니며 얻을 수 있는 가치는 무엇인가?
- ☑ 직장생활의 성공 여부는 무엇으로 판단할 것인가?
- ☑ 이 회사에서 나는 도전의식과 보람, 즐거움을 느끼는가?

이 질문들은 나의 가치관과 나의 직장생활이 어떻게 연결되는지에 대한 것입니다. 직장생활은 인생의 3분의 1, 그것도 이른바 리즈 시절을 보내는 곳입니다. 회사에서 행복하지 않다면 일생의 3분의 1이 행복하지 않은 기간이 되고 맙니다. 좀 더 구체적으로 생각해 볼까요.

☑ 내 인생에서 이 회사를 다니는 기간은 어떤 의미인가?

이 질문이 가장 잘 쓰이는 곳은 경력사원 입사 면접 때입니다. 최근 많은 직장인이 이직을 합니다. 여러 이직 이유가 있겠지만 필자가 경력사원 면접에서 바란 답은 한 가지였습니다. 자신의 커리어에서 어떤 변화를 원했는지, 즉 이 회사로 옮기는 것이 어떤 의미인지에 대한 명확한 인식이 있었으면 했습니다. 예컨대 '과거 회사에서는 어떤 일을 하고 어느 수준까지 도달했는데 이 회사에서는 이런 일을 어느 수준까지 하고 싶다', '실무자 업무는 다 해봤으니 팀장으로 성장하고 싶다' 같은 답을 기대했습니다. 그러나 실제로 비슷한 대답을 하는 사람은 많지 않았습니다.

☑ 회사를 다니며 얻을 수 있는 가치는 무엇인가?

직장생활을 통해 얻을 수 있는 가장 중요한 가치는 나의 핵심 경쟁력을 만드는 것입니다. 즉 직장생활을 하는 동안 성장 기회를 탐색하고 습득해야 할 스킬과 역량을 전략적으로 만들 수 있어야 합니다. 아울러 빼놓지 말아야 할 부분은 가족입니다. 내 직장생활 동안 배우자와 자녀도 어떤 기회를 얻고 성장할 수 있을지 고민해야 긴 인생에서 직장생활이 주는 진정한 가치를 명확히 할 수 있습니다.

☑ 직장생활의 성공 여부는 무엇으로 판단할 것인가?

직장인에게 성공의 기준은 다양합니다. 리더로 승진해 더 큰 조직을 이끄는 것이 될 수도 있고, 높은 성과급이나 연봉을 받는 것이 될 수도 있습니다. 다만 회사에서 리더가 되고 높은 급여를 받는다고 모두 성공했다고 볼 수는 없습니다. 그 결과 안에 내 전문성, 내 핵심 경쟁력의 확보가 전제돼야 진정한 성공의 개념에 들어맞습니다.

☑ 이 회사에서 나는 도전의식과 보람, 즐거움을 느끼는가?

직장생활의 전제는 가치 있는 일이 되어야 합니다. 그래야 보람을 느끼고 도전의식도 생기며 즐겁게 일할 수 있습니다. 이때 가치 있는 일은 세 가지 조건을 충족해야 합니다.

첫째, '자율성'입니다.

남이 시키는 일이 내 일의 전부일 때 그 일을 가치 있게 느낄 리 없습니다. 회사가 정한 목표만 가지고는 부족합니다. 스스로 정한 높고 도전적인 목표가 필요합니다. 그래야 내적 동기가 만들어집니다.

둘째, '일의 난이도'입니다.

사람들은 다소 달성하기 어려운 목표나 자신의 역량보다 좀 더 높은 수준의 일을 할 때 일의 가치를 느끼고 도전의식도 충만해집니다. 가끔 "내가 이런 거 하려고 대학 나왔나"라고 푸념할 때가 있을 것입니다. 하지만 회사에서 일부러 난도 낮은 일을 시키지는 않습니다. 일에 대한 이해도 또는 숙련도를 높이기 위해 쉬운 일부터 경험하게 할 뿐입니다. 따라서 푸념하기보다 스스로 점차 난도 높은 일에 도전할 필요가 있습니다.

셋째, '노력과 보상의 연계성'입니다.

열심히 했는데 보상이 적으면 일의 가치가 낮아지는 것은 당연합니다. 그러나 연봉이나 성과급 같은 외적 보상만을 생각해선 안 됩니다. 당장은 외적 보상이 약하거나 설령 없더라도 이 일이 나에게 어떤 성장 기회가 되는지, 즉 내적 보상을 생각해야 합니다. 전문성이나 핵심 경쟁력 같은 보이지 않는 무형 자산이 바로 내적 보상입니다.

직장생활에서 가치 있는 일을 한다는 생각은 직장생활이라는 긴 여정을 가는 동안 연료의 역할을 합니다. 하루라도 내가 가치 없는 일을 하고 있다는 생각이 들지 않도록 스스로 자율성, 일의 난이도, 노력과 보상의 연계성을 만들면서 일하는 것이 중요합니다. 그래야 매일 회사에 출근하고 싶어지고 인생의 리즈 시절을 보내는 직장생활이 행복해집니다.

직장생활은 스스로의 선택입니다. 여러분은 인생 중 가장 젊고

의욕이 넘치는 시기에 직장생활을 하기로 마음먹었습니다. 인생을 세 부분으로 나눴을 때, 맨 처음 3분의 1은 무언가 배우는 데 썼다면, 이제 직장생활이 있는 두 번째 3분의 1은 그 배운 것을 바탕으로 역량을 발휘하고 성과를 내며 성공을 성취해야 하는 시기입니다.

지금 하는 일이 가치 없다 생각될 때

이쯤에서 앞서 세 가지 질문에 대한 답을 고민하는 여러분께 한 창업자의 이야기를 하려 합니다. 동네의 작은 야채 가게처럼 보이지만 실은 전국에 300개 넘는 매장이 있는 번듯한 기업을 일군 사람의 이야기입니다.[2)]

처음에 그는 매일 청과물 시장에서 과일과 채소를 사서 리어카에 싣고 아파트 인근 길거리에서 팔았습니다. 그런데 자신과 같은

2) 김영한&이영석, 『총각네 야채가게』, 쌤앤파커스, 2012, 책 내용을 토대로 약간의 각색과 필자의 생각을 더함

일을 하는 사람들을 관찰해 보니 한 가지 특징이 있었습니다. 모두 자신의 일을 부끄러워한다는 것이었습니다. 다른 일을 하다 실패해서 어쩔 수 없이 한다는 사람도 있고, 누군가 자신을 알아볼까 전전긍긍한다는 사람도 있었습니다. 주부들의 비위를 맞춰 가며 푼돈을 버는 게 자존심 상하는 일이라고 생각하는 사람도 있었습니다. 그러다 보니 하나같이 어두운 얼굴로 고객을 대하며 불친절한 서비스를 하고 있었습니다.

그래서 그는 일단 자신이 일하는 환경을 밝은 분위기로 만들어 보자고 생각했습니다. 가장 먼저 한 일은 판매 상품을 유쾌하게 표현한 표어를 써서 붙여 놓는 것이었습니다. '하늘엔 영광, 땅에는 굴비!'처럼요.

그다음, 일의 정의를 새롭게 내렸습니다. '나는 리어카 장사를 하는 것이 아니다. 농수산물 유통업을 하고 있다.'

두 가지 변화만으로도 자신의 일을 가치 있게 만드는 데 부족함이 없었습니다. 무엇보다 매일 하는 일이 즐거워졌습니다. 일은 고되지만 유쾌한 표어를 보면 미소가 지어지고, 주부들과도 표어에 대해 소통하며 밝게 웃을 수 있었습니다.

더 극적인 것은 일의 비전을 발견한 것입니다.

'리어카에서 만나는 주부, 즉 최종 고객의 마음을 모르고서는 이 사업에서 도태될 수밖에 없다. 리어카 장사는 내가 농수산물 유통업을 하기 위해 반드시 필요한 경험이고 앞으로 중요한 자산이 될 것이다.'

회사에서도 자신이 하는 일이 초라하게 느껴질 수 있습니다. 모든 것이 분업화돼 있다 보니 내 업무는 큰 과제의 일부분인 경우가 대부분입니다. 좋아 보이는 본사가 아닌 치열한 현장에서 근무해야 할 수도 있습니다.

신입사원의 희망 부서를 받아 보면 일의 가치에 대한 관점이 극명하게 드러납니다. 지방에 있는 현업 부서보다 본사의 '전략'이라는 단어가 들어간 부서를 희망합니다. ID 카드를 목에 걸고 최첨단의 사무실에서 근무하는 로망을 위해 전공 분야와 다른 일도 마다하지 않습니다.

그런 이들에게 필자가 해준 말이 있습니다.

"(제조업의 경우) 생산, 영업 등은 회사의 본원적인 기능입니다. 부서장이나 사업부장, CEO가 되려면 현업 부서의 이 본원적인 업무를 경험하지 않고는 거의 불가능해요. 스태프 부서도 마찬가지입니다. 본원적 업무에 대한 현장 경험 없이 스태프만 해서는 리더가 되기도 어렵고, 설령 되더라도 능력 발휘를 제대로 할 수 없습니다."

어떤 일이든 회사 내에서 가치 없는 일은 없습니다. 극한의 효율성이 요구되는 사업 현장에서 가치 없는 일을 하도록 내버려두지도 않습니다. 결국 회사에서 여러분이 하는 일의 가치는 여러분이 생각하기에 달려 있습니다.

챕터 I 요약

나는 왜 회사에 다니는가: 지금 자신의 일에 의욕을 잃었다면?

"자기가 향하는 곳을 잘 모른다면 결국 목표 지점과 다른 곳에 도착하게 될 것이다." 수많은 직장인이 치열한 경쟁을 뚫고 들어간 회사에서 길을 잃습니다. 왜 그럴까요?

'나는 왜 회사에 다니는가.' '나는 왜 열심히 일하는가.' '그래서 행복한가.' 그 이유는 이 세 가지 근본적인 질문에 스스로 명쾌하게 답하지 못하기 때문입니다.

직장생활을 생계 유지의 수단이 아니라 '성장을 위한 기회의 장'으로서 새롭게 정의해야 합니다. 수동적인 직장생활이 아닌 자기 주도적이고 통세력을 가진 '메인 스트림'의 삶을 위해 노력해야 합니다. 그래야 매일 도전과 보람이 있는 일, 가치 있는 일을 해나갈 수 있는 성공적인 직장생활로 변모할 수 있습니다.

II

인생의 관점에서
직장생활 들여다보기

장기적 사고야말로 인생의 커다란 목표를 굳건히 해

기민한 대응을 가능하도록 돕는다. (중략)

장기적인 목표에 맞춰 시대의 변화를 포용하면서

그곳에 도달하는 방법은 언제든

변할 수 있음을 인식한다면,

성공 확률은 기하급수적으로 높아질 것이다.

– 도리 클라크 『롱게임』 –

인생에는 세 가지 주기가 있다

"21세기의 사회 발전 가운데 위대한 발전 두 가지를 꼽자면 하나는 수명(특히 노동 수명) 연장이고, 또 하나는 생계의 문제에서 벗어나 '성공'을 이루며 인생을 꾸려 나갈 수 있는 것이다."

경영학자 피터 드러커가 어느 책[3)]의 추천사에 쓴 말입니다. 두 번째 발전에 대해서는 동감합니다. 다만 첫 번째 노동 수명의 연장이 발전이라는 데는 전적으로 동의하기 어렵습니다.

3) 밥 버포드, 『하프타임』, 국제제자훈련원, 2009

◉ 인생의 3주기: 경력주기, 재무주기, 가치주기

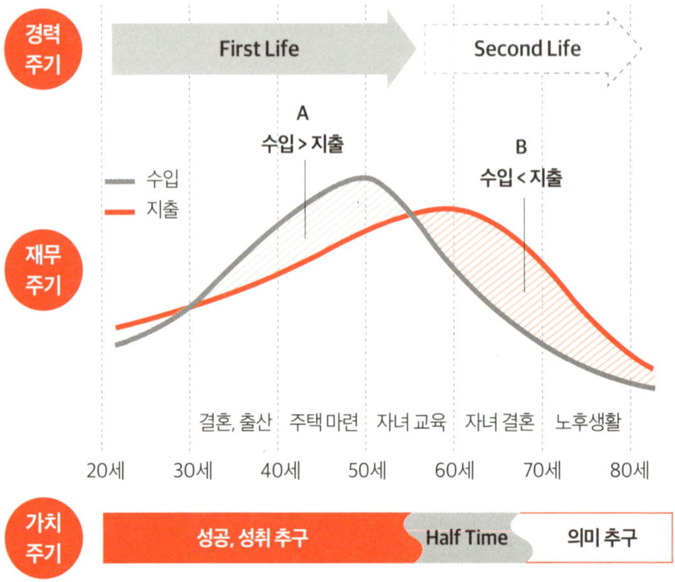

위 그래프는 그 이유를 보여줍니다.

커리어 비전 워크숍 강의 중 이 그래프에 대해 설명할 때면 참여자들의 표정이 좋지 않습니다. 설명을 하면 할수록 돌직구에 맞은 듯 얼굴이 굳어집니다. 볼 수는 없으나 이 책을 읽는 여러분의 얼굴도 비슷하리라 생각합니다. 그럼 이제 마음을 독하게(?) 먹고 계속 읽어 주기 바랍니다.

그래프에는 주의 깊게 봐야 할 용어가 세 가지 있습니다. 세로

축에 있는 '경력주기, 재무주기, 가치주기'입니다. 그리고 가로축의 연령도 눈여겨보기 바랍니다.

1. 경력주기

경력주기는 퍼스트 라이프와 세컨드 라이프 두 가지로 나뉩니다. 먼저 퍼스트 라이프 관점에서 보면, 통상 직장생활은 사원-대리-과장-차장-부장-팀장을 거치면서 경력을 쌓게 됩니다. 모두 임원이 될 수는 없으니 누군가는 관리자로, 또 누군가는 실무자로 직장생활을 마치게 됩니다.

여기서 눈여겨볼 부분은 퍼스트 라이프의 종료 시기입니다. 2025년 현재 공식적인 정년은 60세(금융계는 55세)지만 여러분의 은퇴 시기는 대체로 60세 이전일 것입니다. 불행하게도 법적 정년을 60세로 연장한 이후부터 오히려 실제 은퇴 연령은 낮아지고 있습니다. 직장인의 체감 퇴직 연령이 약 53세에 불과하다는 통계[4]도 있습니다.

---

4) 잡코리아, '직장인이 희망하는 은퇴 연령 60세… 현실은?', 잡코리아 콘텐츠Lab, 2023.10.13

워크숍에서 필자는 그래프를 보여 주면서 이런 질문을 합니다. "여러분은 은퇴를 하시나요?" 뜬금없는 질문에 대체로 참여자들은 답을 머뭇거립니다. '어떻게 하든 정년까지 갈 수 있겠지. 아직 멀었지 않나….' 머릿속이 복잡해지면서도 실감을 못하는 표정입니다. 그때 필자가 말합니다. "은퇴합니다! 여러분이 이 회사의 오너가 아닌 이상 이것은 분명한 사실입니다."

또 묻습니다. "여러분은 죽습니까?" 더 뜬금없다는 표정입니다. '평균 수명까지는 살겠지. 근데 아직 멀었지 않나….' 은퇴에 대해서와 비슷한 생각을 하는 것 같습니다. 필자는 다시 말합니다. "죽습니다!" 당연하지만 이것도 분명한 사실입니다.

이런 질문을 하는 이유는 여러분이 언젠가 회사를 떠난다는 사실을 절감하지 못하고 있음을 상기시키기 위함입니다. 마치 언젠가는 죽는다는 사실을 실감하지 못하며 살듯, 대부분 은퇴를 안 할 것처럼 직장생활을 합니다. 자, 이제 체감 퇴직 연령 53세에서 자신의 나이를 빼보십시오. 몇 년 남았나요.

어떻게든 정년까지 갈 것이라는 환상에서 벗어나, 언제든 은퇴할 수 있다는 엄중한 현실 앞에서 자신을 들여다봐야 합니다. 어느 리더십 코치의 말은 그래서 더 냉정하게 들립니다.

"직장인으로서 마흔이 된다는 것은 두 가지를 의미한다. 조직에서 매달 월급을 받으며 생활할 수 있는 날이 평균 10년 남았다는 뜻이고, 동시에 조직을 떠나 독립할 수 있는 자기만의 기술을 만들 수 있는 날이 10년 남았다는 말이다. 직장인에게 40대는 정기적인 수입을 받으면서 미래를 준비할 수 있는 마지막 10년이다."[5]

2. 재무주기

재무주기는 더 충격적일 수 있습니다. 앞서 그래프에는 두 개의 곡선이 나오는데, 곡선의 접점이 바로 은퇴 시점입니다. 두 곡선 사이의 면(A, B)은 여러분이 직장생활을 하면서 얻은 수입과 지출의 차이를 나타낸 부분입니다. 퇴직 이전(A)에는 지출보다 수입이 많습니다. 비록 월급이 통장을 잠깐 스쳐 간다 해도 말입니다. 하지만 퇴직 이후(B)에는 대개 지출이 수입보다 많아집니다.

어쩌면 당연해 보이는 이 재무주기에서 주의 깊게 볼 부분이 있습니다. 입사해서 퇴직 때까지 번 돈(A)으로 퇴직 이후 생활에 소요

---

5) 김호, '40세, 미래를 준비하는 마지막 10년', 동아일보, 2017.5.24

되는 비용(B)을 감당해야 한다는 점입니다.

여기에 몇 가지 변수가 등장합니다. 즉 곡선의 모양이 달라지고 있습니다. 첫째, 예전보다 퇴직 시기가 빨라지고 있습니다. 최소 60세까지는 회사를 다니면 좋겠지만 이미 그런 기대를 하기 어려운 상황입니다. 둘째, 수명이 길어졌습니다. 여차하면 100세가 넘도록 살게 될 것입니다. 생명을 위협하는 암이나 대사증후군 같은 질병이 점차 정복되고 있으니까요.

퇴직 시기가 빨라지면서 동시에 수명이 길어졌다는 것은 재무주기 차원에서는 커다란 위기입니다. 과거 세대는 20대 중후반에 입사해 60세 정도에 퇴직을 하고 75세 전후에 사망했습니다. 재무주기로 보면 30년 벌어서 15년 정도만 감당하면 됐습니다. 하지만 평균 기대 수명이 83.5세인[6] 지금은 30년 벌어서 23.5년을 감당해야 합니다. 앞으로 100세 시대가 될 것을 가정하면 그 기간은 무려 40년 이상이 될 것입니다.

여기에 더 불행한 소식을 알려야 할 것 같습니다. 먼저 노후 생활비의 크기입니다. 2024년 기준 2인 가구의 은퇴 후 월평균 적정

---

6) 통계청, 간이생명표, 2023

생활비는 336만 원입니다.[7)]

국민연금만으로는 적정 생활비 충당이 어렵습니다. 게다가 1965년 이후 출생자의 연금 수급 연령은 65세입니다. 법적 정년 60세와 수급 연령 65세 간에도 5년이라는 갭이 존재합니다.

또 다른 불행한 소식도 있습니다. 바로 중요한 생애 이벤트, 그것도 고비용이 들어가는 이벤트가 퇴직 이후에 발생한다는 사실입니다. 대표적인 것이 자녀의 결혼입니다. 요즘 세대는 30대 중후반의 만혼이 많아 부모의 퇴직 시점까지 결혼하지 않습니다. 그렇다면 자녀 결혼 비용으로는 얼마가 들까요. 2021년 기준 주택 마련비 포함 평균 약 2억 3000만 원이 듭니다.[8)]

마지막 중요한 이슈는 의료비입니다. 65세 이상 한국인의 연평균 의료비(건강보험상 진료비)는 1인당 548만 원에 달합니다.[9)] 기대 수명을 고려하면 퇴직 이후 전체 의료비가 얼마나 필요한지 계산이 될 것입니다.

한편 현재 회사에서 중간관리자급으로 있는 X세대는 부모를

---

7) 통계청, '가계금융복지조사', 2024

8) 이보희, '결혼 비용 평균 2억 3000만 원… 주택비만 1억 9000만 원', 서울신문, 2021.2.23

9) 국민건강보험공단, 건강보험통계, 2023

봉양하고 자녀로부터 노후 돌봄을 받지 못하는 첫 번째 세대가 될 것이라고 합니다. 실무자급인 MZ세대의 경우 부모 봉양이라는 한 가지 부담은 덜 수 있을지 몰라도 자녀가 내 노후를 돌볼 수 있다는 기대는 마찬가지로 하기 어렵습니다. 즉 노후에 필요한 자금은 모두 자신이 만들어야 합니다.

이쯤에서 다시 체감 퇴직 연령 53세 또는 법적 정년 60세로부터 여러분의 남은 직장생활 연수를 세어 보기 바랍니다. 그리고 퇴직까지 모을 수 있는 돈의 크기로 편안하게 노후를 보낼 수 있을지 가늠해 보기 바랍니다. 퇴직 이후의 재무적 부담을 실질적이고 구체적으로 고민하지 않으면 여러분의 노후는 불안할 수밖에 없습니다.

3. 가치주기

은퇴를 전후해서는 가치관이 변해야 합니다. 이는 곧 퇴직 전까지는 직장생활에서 성공한다는 것이 무엇인가, 내가 성취할 것을 성취했는가에 집중해야 한다는 얘기입니다.

MZ세대는 회사에서의 성공과 인생에서의 의미를 분리해서 생각하는 경우가 많습니다. 일 따로 인생 따로 생각합니다. 회사가 미래를 보장하지 않으니 일정 기간 회사에 있다가 다른 길을 도모하겠다는 생각이 더 강해지는 것 같습니다. 그러다 보니 회사 내에서 성공한다는 것에 대해 부정적 시각을 갖기도 합니다. 문제는 이런 생각이 앞서 살펴본 경력주기나 재무주기 차원에서 매우 나쁜 결과를 초래할 수 있다는 것입니다.

다시 말하지만 회사는 여러분에게 돈과 기회를 주는 터전입니다. 직장생활을 하는 동안만큼은 최고의 성공 또는 성취를 추구하는 것이 자신을 이롭게 하는 일입니다. 재테크나 재무 설계 관련 책에서 직장인의 재산 형성을 위해 하나같이 권하는 원칙이 있습니다. 종잣돈을 모아라, 지출을 줄여라 같은 것이 아닙니다. 바로 '본업에 충실하라'입니다. 자신에게 투자해 실력을 쌓아 연봉을 올리는 것이 가장 중요하고 효율적인 방법이라고 강조합니다.

정리를 해보겠습니다. '엄중한 현실은 알겠는데 그럼 어찌하라는 말인까' 이런 생각을 하고 계신가요. 필자가 많은 지면을 빌려 설명한 이유는 하나입니다. 여러분이 원하는 삶을 살기 위해서는 장기적인 관점에서 경력주기, 재무주기, 가치주기를 고민하라는 것입니다. 그래야 현재의 직장생활도, 은퇴 이후의 노후생활도 행복해질 수 있습니다.

미래를 위해 현재를 희생하라는 뜻이 아닙니다. 인생 전체를 바라보는 장기적 관점에서 현재의 삶을 충실히 채워 나가야 한다는 것입니다.

쉽지 않은 이 여정을 충족할 수 있는 가장 현실적인 방법은 '노동 수명을 연장'하는 것입니다. 1차 퇴직 시기를 최대한 뒤로 미뤄서 수입과 지출 곡선의 접점을 최대한 우측으로 옮겨 A면의 파이를 키우는 것이 중요합니다.

앞서 피터 드러커의 말을 다시 떠올려 볼까요. 노동 수명의 연장은 '발전'이 아니라고 필자는 지적했습니다. 그 이유는 노동 수명 연장이 행복한 현재와 안락한 노후를 위한 '필수 조건'이기 때문입니다.

그렇다면 노동 수명은 어떻게 연장할 수 있을까요. 퇴직 후 치킨집 같은 자영업에 뛰어들어야 할까요. 국내 자영업자 10명 중 4명은 창업 후 3년 이내에 폐업합니다.[10] 2024년 자영업을 포함해 폐업 신고를 한 전체 개인·법인 사업자는 사상 처음으로 100만 명을 넘어섰습니다.[11]

그럼에도 많은 이들이 자영업에 뛰어드는 이유는 퇴직 후 선택

---

10) 중소기업중앙회, '소상공인 폐업 실태조사', 2025

11) 국세청, 국세 통계, 2025

가능한 일자리가 이미 꽉 차 있기 때문입니다. 고소득을 포기하고 저임금에라도 일을 하려 하지만 고령 퇴직자의 채용 기회는 점점 줄어들고 있습니다.

미래가 암울한가요. 하지만 노동 수명 연장의 길은 의외로 가까운 데서 찾을 수 있습니다. 바로 지금 다니는 회사에서입니다. 회사를 다니며 하는 일에서 퇴직 이후에도 활용 가능한 '핵심 경쟁력(Employability)'을 확보하는 것입니다.

지금 다니는 회사에서, 지금 하고 있는 일에서 그간 연마해 온 스킬을 회사 밖에 나가서도 인정받을 수 있는 핵심 경쟁력으로 만든다면 자영업이 아닌 직장생활을 더 할 수 있는 길이 열립니다. 다른 회사로 재취업하거나 계약직으로 전환해서 추가적인 직장생활이 얼마든지 가능해질 것입니다.

핵심 경쟁력: GPS보다 나침반

앞서 직장생활은 끝을 알 수 없는 사막 여행과 같다고 말했습니다. 멀리서 보면 정해진 길을 따라 산을 오르는 것 같지만, 가까이서 보면 길이 없는 곳을 걸어야 하는 사막 여행입니다. 정해진 길이 없다 보니 사막에서는 GPS도 소용없습니다. 앞을 가린 큰 모래 언덕과 시야를 방해하는 모래바람에 어디로 가야 할지 도통 알 수 없어 때로 길을 잃기도 합니다.

이런 사막에서 필요한 것은 나침반입니다. 눈앞에 보이는 길을 찾기보다 다소 헤매더라도 방향을 잃지 않게 돕는 나침반에 의지해야 합니다. 인생에서 이런 나침반의 역할을 하는 것이 바로 '핵심 경

◉ 핵심 경쟁력이란

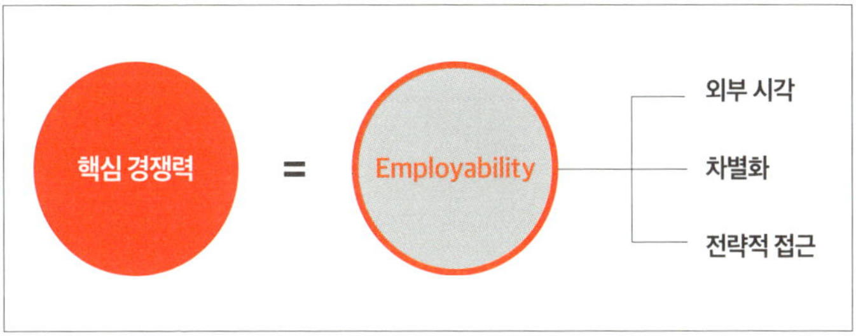

쟁력' 그리고 '커리어 비전'입니다.

먼저 핵심 경쟁력은 직장생활을 관통하는 화두입니다. 신입사원부터 임원, CEO에 이르기까지 핵심 경쟁력은 회사 내에서 자신의 존재 이유를 설명하는 필수 개념입니다.

보통 핵심 경쟁력을 '코어 컴피턴시(Core Competency)'로 번역하지만 필자는 이를 '임플로이어빌리티(Employability)'로 규정하고자 합니다. 직역하면 '채용 가능성'입니다.

핵심 경쟁력을 '채용 가능성'으로 정의하는 이유는 '내 나이, 내 직무에서 나는 과연 사외에서 통용될 만한 차별화된 경쟁력이 있는가. 없다면 어떻게 만들어야 하는가'라는 질문에서 출발하기 때문입니다.

즉 핵심 경쟁력은 다음 세 가지 질문을 충족해야 합니다.

첫째, 사외에 내놓아도 인정받을 수 있는가.

직장인은 저마다의 스킬 세트를 가지고 일합니다. 그러나 그 수준은 대부분 회사 내부 기준에 맞춰져 있습니다. 이는 핵심 경쟁력으로서는 부족합니다. 반드시 외부 시각으로 자신의 스킬 세트를 냉정하고 객관적으로 들여다봐야 합니다.

지금은 신입사원만큼 경력사원이 많은 시대입니다. 한 회사에서 정년까지 계속 근무할 가능성보다 다른 회사로 이동해서 근무할 가능성이 큽니다. 이때 다른 회사에서 채용될 가능성은 곧 다른 회사에서 봐도 매력적인 스킬 세트를 갖췄다는 얘기입니다. 회사를 옮기지 않는 경우도 마찬가지입니다. 핵심 경쟁력이 외부에서도 인정받는 수준일 때 회사에서 붙잡을 만한 인재가 될 수 있습니다. 따라서 평소 업무를 할 때 자신의 스킬 세트가 어느 정도 수준인지 평가할 필요가 있으며, 실제 업무 성과도 그 수준에 맞는 것인지 가늠해 봐야 합니다.

필자가 새로운 제도나 교육 과정을 설계할 때 실무자에게 반드시 요구하는 기준이 있었습니다. '외부에 내놓으면 얼마에 팔릴 것인지' 고민해 보라는 것이었습니다. 팔 수 없는 것은 아예 만들지 말라고 했습니다. 외부에서 인정하지 않는 수준으로 만든 것은 자기만족일 뿐이니까요. 엔지니어가 개발한 기술이 외부에서 인정받지 못한다면 최고의 제품이 나올 수 없는 것과 같습니다.

커리어 비전 워크숍을 설계할 때도 마찬가지였습니다. 우리 회사 직원을 대상으로 하더라도 그 내용과 수준은 외부에 내놓았을 때 가치를 인정받는 수준으로 만들어야 한다는 원칙을 강조했습니다.

둘째, 차별화되어 있는가.

차별화란 남은 못하지만 나만이 할 수 있는 역량을 의미합니다. 즉 핵심 경쟁력은 나만이 갖고 있거나 가진 사람이 소수여야 합니다. 다른 사람이 쉽게 모방할 수 있는 것은 핵심 경쟁력이 될 수 없습니다.

선배가 한 일을 답습하거나 동료가 한 일을 모방만 해서는 핵심 경쟁력으로 인정받을 수 없습니다. 나만이 가진 지식이나 성공 체험, 창의성이 반영된 성과를 낼 때 차별화된 핵심 경쟁력을 보유했다고 할 수 있습니다. 현재뿐 아니라 미래에도 쉽게 모방할 수 없는 탁월한 차별성이면 더욱 의미 있습니다.

셋째, 전략적으로 확보한 것인가.

외부에서도 인정받을 수 있고 차별화되어 있는 핵심 경쟁력은 단숨에 얻어지지 않습니다. 그저 회사를 오래 다니거나 여러 업무를 경험했다고 만들어지는 것이 아닙니다. 전략적으로 확보해야 하는 것입니다.

이를 위해서는 내가 가진 스킬을 미래의 관점에서 점검해 봐야 합니다. 지금은 아니더라도 몇 년 후에는 차별화된 것으로 인정받을 수 있다면 그 스킬을 확장할 것인지, 심화할 것인지, 아니면 다른 스킬과 합쳐서 제3의 스킬로 만들 것인지 등을 고민해야 합니다. 이것이 전략적인 핵심 경쟁력 확보의 시작입니다.

커리어 비전이란?

드디어 커리어 비전입니다. 필자가 정의하는 커리어 비전은 한마디로 '5년 후 기대되는 나의 역할에 대한 미래상과 경로'입니다.

커리어라는 용어는 좁은 의미로는 경력, 진로를 가리키지만 넓은 의미로는 '개인이 일생 동안 경험하는 모든 역할과 경로'를 뜻합니다. 직장생활뿐 아니라 인생에 영향을 주는 여러 역할을 폭넓게 보는 관점이 필요합니다.

또한 비전이라는 말은 '미래 일정 시점에 기대되는 자신의 미래상'이라고 정의했으며, 일정 시점은 5년이라고 구체적으로 설정했습니다. 왜 5년인지는 다음 챕터에서 설명할 것입니다. 이 5년이라는 일정 시점은 이 책의 제목을 『5년 후 나를 생각했을 뿐인데』로 지은 이유이기도 합니다.

아울러 비전은 의미 있는 목적이 있어야 하고, 나의 가치관이 뚜렷하게 반영되어 있어야 하며, 밝은 미래를 꿈꾸는 모습이어야 합니다. 바람직한 비전은 나에 대한 생생하고 강렬한 바람이어야 하며, 날마다 간절히 소망할 수 있는 것이어야 합니다. 그리고 의지를 갖고 자발적으로 수립한 것이어야 합니다. 또한 한번 정하면 온몸과 온 마음을 던질 만큼 가치 있는 것이어야 합니다. 그래야 즐겁게 오랜 기간을 지속해서 추구할 수 있고 도중에 찾아오는 어려움이나 좌절을 견딜 수 있습니다.

구성 요소: 스킬과 포지션(직위) 그리고 일정 시점

필자는 직원들과 면담 때 그의 커리어 비전을 물어보곤 했습니다. 그러면 대부분 "어느 영역의 전문가가 되고 싶다"라고 답했습니다. 이를테면 "스마트팩토리의 전문가가 되고 싶다", "프리미엄 화장품 마케팅 전문가가 되고 싶다" 같은 답변이 나왔습니다. 어떤 분야의 전문성을 가지는 것을 커리어 비전이라고 생각한 것입니다.

그러나 '스킬'만을 생각한 커리어 비전은 반쪽짜리입니다. 회사에서는 전문 스킬을 갖고 있다고 전문가라고 부르지 않습니다. 여기에 '포지션(직위)'이 반드시 들어가야 합니다. 직책이나 직위는 경험과 역량 수준을 내포하기 때문입니다.

많은 이들이 포지션을 빼고 스킬만을 커리어 비전으로 얘기하는 이유도 이해는 됩니다. 직접적으로 포지션을 말할 때의 주위 반응 때문일 것입니다. 예컨대 스마트팩토리 팀장이 된다고 하면 현재 그 자리에 있는 상사의 자리를 빼앗겠다는 오해를 불러일으킬 수 있고, "설마 네가?"라는 비아냥을 들을 수도 있습니다. 하지만 커리어 비전은 반드시 스킬뿐 아니라 포지션(직위)까지 더 갖춰야 성립합니다. 꼭 조직 리더가 아니더라도 회사에 따라 부여하는 최고 기술위원 같은 전문가 레벨이나 타이틀도 해당됩니다.

여기에 한 가지가 더 필요합니다. 비전의 정의에 맞게 '시점'이 더해져야 합니다. 특정한 역량 수준을 언제까지 갖추겠다는 '일정 시점'이 있어야 합니다. 종합하면 '일정 시점에 특정한 역량 수준을 가진 포지션(직위)에 다다를 것이다'라는 표현이 온전한 커리어 비전이라 할 수 있습니다.

스킬만 있거나 일정 시점이 전제되지 않은 커리어 비전을 세우면 실질적인 결과를 만들어낼 수 없습니다. 언제까지, 어떤 핵심

◉ 커리어 비전의 구성 요소

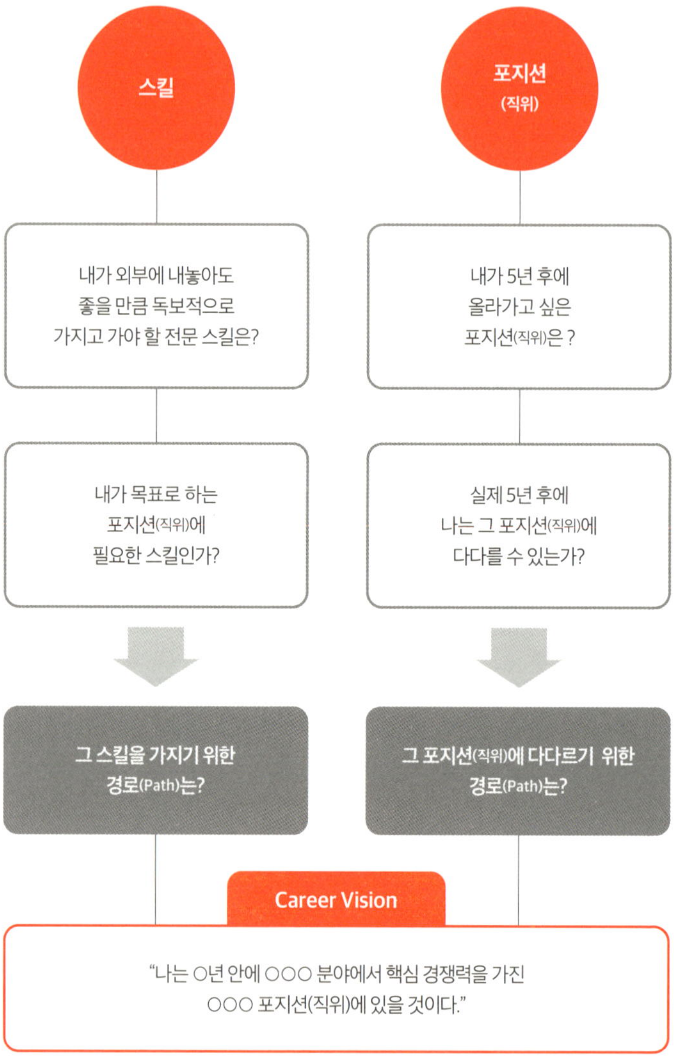
스킬
포지션
(직위)
내가 외부에 내놓아도
좋을 만큼 독보적으로
가지고 가야 할 전문 스킬은?
내가 5년 후에
올라가고 싶은
포지션(직위)은 ?
내가 목표로 하는
포지션(직위)에
필요한 스킬인가?
실제 5년 후에
나는 그 포지션(직위)에
다다를 수 있는가?
그 스킬을 가지기 위한
경로(Path)는?
그 포지션(직위)에 다다르기 위한
경로(Path)는?
Career Vision
"나는 ○년 안에 ○○○ 분야에서 핵심 경쟁력을 가진
○○○ 포지션(직위)에 있을 것이다."

경쟁력을 가진 인재로 성장할지 구체적인 성장 경로를 설정하려면 반드시 스킬과 포지션(직위), 일정 시점 세 가지가 모두 필요합니다.

앞서 직원들의 답변을 커리어 비전의 세 가지 구성 요소, 즉 스킬, 포지션(직위), 일정 시점에 맞게 바꿔 보면 그 차이가 명확히 보입니다. "5년 안에 스마트팩토리 공정AI 적용의 전문성을 가진 공정 기술팀장이 될 것이다." "5년 안에 화장품 조향 기술에 최고인 전문 위원이 될 것이다."

바람직한 비전의 조건: SMART

커리어 비전을 세울 때 적절한 기대 수준은 어떻게 정해야 할까요. 커리어 비전은 여러분이 익히 알고 있는 좋은 목표의 조건인 다음의 'SMART'를 충족할수록 더욱 효과적으로 작동합니다.

- **S**pecific 구체적이어야 한다 (스킬과 포지션이 점으로 찍힌)
- **M**easurable 측정 가능해야 한다 (숫자로 표현)
- **A**chievable 달성 가능해야 한다 (실현 가능한)
- **R**esult-oriented 결과 지향적이어야 한다 (바람직한 미래상)
- **T**ime-bounded 시간이 정해져 있어야 한다 (일정 시점의)

첫째, 구체적이어야 합니다(Specific).

다른 말로 하면 커리어 비전은 반드시 스킬과 포지션을 '점'으로 찍어야 합니다. 앞서 언급한 바와 같이 커리어 비전을 목표점으로 갖고 있지 않으면 어디로 가고 있으며 어디에 있는지 알 수 없어 길을 잃을 가능성이 높기 때문입니다.

만약 '5년 안에 ○○ 전문성을 가진 ○○ 팀장'이 되겠다는 커리어 비전을 설정했다면 아래 그림처럼 좌표상에 점(X2, Y2)으로 찍어

◉ **커리어 비전과 나의 위치 파악**

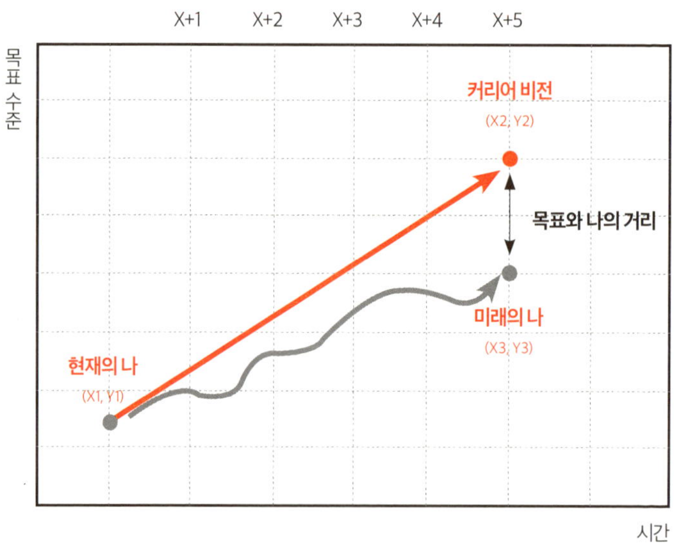

야 합니다. 5년 후 이 점에 도달할 수도 있지만 그렇지 못할 수도 있습니다. 도달 못한 경우 새로운 점(X3, Y3)이 생깁니다. 이때 두 점 사이의 거리를 보면 현재 내 위치를 파악할 수 있습니다.

이처럼 점으로 찍은 커리어 비전은 설령 도달하지 못했을지라도 자신의 위치를 알게 하고 목표 지점과 얼마나 떨어져 있는지 알 수 있도록 해줍니다. 이를 통해 앞으로 어떻게 해야 하겠다는 판단을 내릴 수 있습니다. 목표는 달성하는 자체도 중요하지만, 지금 어디까지 왔는지 위치를 파악할 수 있다는 데도 큰 의미가 있습니다.

목표 관리 전문가인 마크 머피는 저서 『하드골(Hard Goals)』에서 비전은 시각화할수록, 글로 적을수록 달성하기 쉬우며 기억할 가능성이 높다고 강조했습니다. 즉 커리어 비전은 점으로 찍어야 가시화되고 더 분명하게 목표로 드러납니다.

둘째, 측정 가능해야 합니다(Measurable).

피터 드러커는 "측정되지 않는 것은 관리되지 않는다(If you can't measure it, you can't manage it)"라는 유명한 격언을 남겼습니다. 숫자로 비전을 정하면 측정 가능하고, 측정이 가능하면 향상시킬 수 있습니다. 숫자로 된 비전은 목표를 향해 나아가도록 이끌고 진척도도 쉽게 파악할 수 있게 합니다.

숫자로 된 목표 관리에 대해서는 아옐릿 피시배크의 『반드시 끝내는 힘(Get It Done)』이라는 책에 연구 결과가 소개돼 있습니다. 마라톤 선수들은 통상 4시간 내에 42.195km를 완주하는 것을 목표로 합니다. 그런데 선수 1000명을 분석한 결과, 4시간 1분에 완주한 경우보다 3시간 59분에 완주한 경우가 더 많았습니다. 즉 많은 선수가 목표한 시간을 넘기기보다 좀 더 앞당겨 결승선을 통과하려고 한 것입니다. 결승선에 가까울수록 목표에 도달할 가능성이 크다고 생각해 더 열심히, 더 빨리 달린다는 것을 입증한 연구 결과입니다.

이처럼 숫자로 된 비전은 진행 상황을 쉽게 점검할 수 있기 때문에 동기부여에 효과적입니다. 커리어 비전을 점으로 찍으면 달성을 못하더라도 목표로부터 얼마나 떨어져 있는지 확인할 수 있고, 그 간격을 메우기 위해 계속 노력하게 되는 것과 일맥상통합니다.

다만 숫자로 설정된 비전에는 한 가지 함정이 있습니다. 그저 남들에게 좋아 보이는 숫자를 설정할 수 있다는 것입니다. 그래서 마크 머피는 비전의 숫자가 '자신의 감정을 동반한 숫자'여야 한다고 강조합니다. 그래야 목표에 대한 애착이 생기고 달성해야 할 동기가 제대로 부여된다는 얘기입니다. 따라서 '내가 커리어 비전으로 설정한 숫자는 진심으로 우러나온 숫자인가. 그저 남들이 설정한 숫자는 아닌가. 그 숫자는 내 마음을 설레게 하는가'라는 관점에서 설정된 것인지 살펴봐야 합니다.

셋째, 달성 가능해야 합니다(Achievable).

구체적이고 측정 가능한 비전이라 할지라도 쉽게 행동에 옮길 수 없다면 아무 소용이 없습니다. 현재 할 수 있는 행동으로 달성 가능한 비전을 설정해야 합니다. 물론 완전히 새로운 행동에 대한 아이디어가 있을 수 있습니다. 그러나 그조차도 도달 가능한 거리에 있는 행동이어야 현실성이 있습니다.

다만 여기서 '달성 가능'이란 것은 행동 수단에 해당하는 것이지 목표 자체에 해당하는 말은 아닙니다. 오히려 목표는 도전적일수록 실현 가능성이 높습니다. 동기부여를 위해서는 보다 도전적인 목표를 전략적으로 활용하라는 것이 정설입니다. 즉 어렵지만 불가능하지는 않은 도전적인 목표일 때 우리는 신체적, 정신적 에너지를 끌어모으게 됩니다. 동기부여 시스템이 작동하는 것입니다.

돌아보면 주목할 만한 성과는 대부분 달성하기 힘든 일에 도전할 때 나왔습니다. 다만 달성하기 힘든 비전을 달성하려면 기존의 실력만으로는 어렵습니다. 반드시 새로운 스킬을 학습하거나 숙련도를 높이는 훈련이 필요합니다. 아무것도 배우지 않고 수월하게 달성할 수 있는 비전은 도전적인 비전이 아닙니다. 따라서 달성 가능하지만 도전적인 비전에는 다음과 같은 질문이 따라와야 합니다. '이 비전을 통해서 나는 무엇을 배울 수 있는가.'

넷째, 결과 지향적이어야 합니다(Result-oriented).

많은 이들이 하는 오해가 비전을 수단으로 보는 것입니다. 취업을 예로 들면, 취업이라는 결과를 비전으로 설정해야 하는데 '5개 기업 취업 기회 탐색', '5개 기업 지원서 제출' 같은 취업에 필요한 수단을 비전으로 수립하는 것입니다.

하지만 비전은 수단이 아니므로 일정 시점에 이룰 수 있는 결과로 설정해야 합니다. '5년 후 어디에 취업한다'라는 결과 지향적 비전은 취업 기회 탐색이나 지원서 제출 같은 목표에 이르는 경로를 총괄적으로 보게 하고, 그에 따른 일정을 수립하게 하며 구체적인 방법론을 고민하게 합니다. 이는 회사에서 프로젝트를 추진하는 과정과 유사합니다. 프로젝트 시작 전 최종 아웃풋을 미리 설정해야 그 결과를 달성할 과제를 마련하고 실행할 수 있습니다.

필자는 '5년 후 내 집 마련'이라는 재무 비전을 세운 적이 있습니다. 하지만 비전에 이르기 위한 '대출 자격 획득'이나 '계약금 마련' 등의 수단은 따로 정하지 않았습니다. 이는 비전에 이르는 과정상의 하부 과제일 뿐 비전 그 자체가 아니기 때문입니다.

만약 중간 과정에 있는 수단을 비전으로 정했다면 그것은 비전의 크기를 잘못 설정한 예입니다. 즉 '계약금 마련'보다는 '내 집 마련', '이력서 5개 제출'보다는 '취업'이라는 최종 결과가 비전의 지향점이 되어야 합니다.

이렇게 최종 결과를 비전으로 설정하지 않으면 중간 단계에서 만족해 버리거나, 반대로 중간에 일이 틀어질 때 나머지 일을 미루는 현상이 발생하게 됩니다. 최종 결과로 비전을 설정해야만 자신의 잠재력과 행동을 자극해서 지연 현상 없이 비전을 향해 매진할 수 있습니다.

다섯째, 시간이 정해져 있어야 합니다(Time-bounded).

커리어 비전을 수립할 때는 달성 기한을 정하는 것이 중요합니다. 기한이 정해져 있어야 비전 달성 여부를 정확히 알 수 있으며, 달성 못했더라도 비전과 현재 위치 사이의 거리를 알 수 있습니다.

또한 적정한 기한이 정해져 있으면 시간을 더 효율적으로 할애하게 됩니다. 여러 과제 중 우선순위가 높거나 어려운 과제를 먼저 하게 될 가능성이 높아집니다. 그리고 기한을 지키기 위해 과제를 일찍 시작하게 되는 효과도 나타납니다.

'데드라인 효과(Deadline Effect)'도 일어납니다. 이는 평소 집중이

안 되거나 진도를 나가지 못해 고생하다가 마감이 임박했을 때 고도의 집중력과 생산성으로 완성하는 현상을 뜻합니다. 마찬가지로 적정한 비전 달성 기한을 설정하면 그 기한에 다가갈수록 더 집중하게 됩니다. 또한 비전 달성의 중간 평가 기간을 설정해 진도를 관리하면 데드라인 효과를 여러 차례 발생시켜 더욱 효율성을 높일 수 있습니다.

달성 경로: 진북(True North)을 향해

고대부터 배를 타고 다니는 선원이나 사막을 여행하는 사람들은 밤에 길을 잃지 않기 위해 별자리 속에서 북극성을 찾았습니다. 북극성을 따라가면 직선 최단 거리로 갈 수는 없더라도 길을 잃지 않는다는 것을 알고 있었습니다.

커리어 비전도 마찬가지입니다. 커리어 비전은 본인이 생각하는 최종 커리어 목표인 '진북(眞北, True North)'에 도달하게 돕습니다. 행여 진로가 바뀌어 다른 커리어 비전을 수립하는 경우가 생기더라도 궁극적으로는 자신이 지향하는 최종 지점을 향하게 합니다.

물론 회사에서 스스로 커리어를 디자인하는 것은 쉽지 않습니

◉ **커리어 비전 달성 경로**

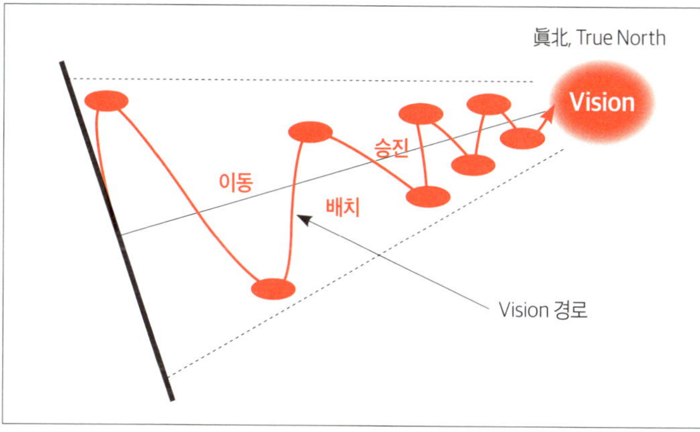

다. 디자인한다 해도 실제 원하는 부서에서 원하는 업무를 하기가 힘듭니다. 업무 부여나 부서 이동의 권한이 상사에게 있기 때문입니다. 특히 높은 자리로 갈수록 윗사람의 의도가 반영된 인사가 이뤄지는 경향이 있어 자신이 디자인한 커리어로 가는 길은 요원합니다.

그렇다면 왜 커리어를 디자인하라고 하는 걸까요. 설령 권한이 없더라도 자신이 세운 커리어 비전이 명확하면 디자인한 대로, 즉 진북을 향해 갈 가능성이 높기 때문입니다. 여기에는 두 가지 이유가 있습니다.

첫째, 직속 상사나 동료는 내가 가진 재능과 역량을 생각보다 잘 알고 있습니다. 특히 매일 업무로 만나는 직속 상사는 부하의 특성과 재능, 강점과 약점을 잘 알고 있을 가능성이 높습니다. 회사는 효율을 중시하는 조직입니다. 그런 회사가 특별한 경우를 제외하고는 엉뚱한 업무를 부여하거나 부서를 이동시키지 않습니다. 그 사람이 가장 잘할 수 있는 분야에 투입합니다.

둘째, 커리어 비전의 경로에 있을 때 내적 동기가 발동해 즐겁게 일할 수 있습니다. 희망하지 않는 일을 하거나 커리어 비전에 맞지 않는 부서에 있으면 어떤 경로를 통해서든 커리어 비전 쪽으로 이동하기 위해 노력하게 됩니다. 그러면 결국 희망 업무나 부서에 배치될 가능성이 높아집니다.

그러니 지금 당장 하고 싶은 일을 하고 있지 않다고 실망할 필요가 없습니다. 오히려 관련 없다 생각한 분야가 나중에 도움이 되는 경우도 많습니다. 차별화를 만드는 창의성은 관계없는 두 요소를 결합할 때 만들어지곤 합니다. 스티브 잡스의 사례가 이를 여실히 증명합니다.

그는 가정 형편 때문에 대학을 중퇴한 후 청강을 하게 됐는데, 그 과목은 캘리그라피였습니다. IT가 적성에 맞는 스티브 잡스에게 캘리그라피는 다소 엉뚱한 선택으로 보입니다. 이후 시간이 흘러 IBM이 PC로 세상을 평정하던 때에 유독 한 분야만은 IBM도 감히 범접하지 못했습니다. 바로 출판 분야였습니다.

출판 시장에서 애플의 매킨토시가 강점을 보인 영역이 바로 컴퓨터 내의 캘리그라피, 즉 '폰트(Font)'였습니다. 관계없는 영역을 공부했다고 생각했지만 캘리그라피와 IT가 결합해 차별화된 경쟁력이 된 것입니다.

작동 원리: 예측 사고(Forecasting)와 역예측 사고(Backcasting)[12)]

필자는 커리어 비전을 세울 때 세부 계획을 수립하지 않아도 된다고 말합니다. 차라리 커리어 비전이 담긴 1장의 표를 책상에 붙여 놓거나 가방에 넣어 놓았다가 매일 아침 들여다보라고 권장합니다. 왜냐하면 커리어 비전을 설정하고 열망하면 비전을 작동시키는 두 가지 현상이 일어나기 때문입니다.

첫째, '예측 사고(Forecasting)'를 하게 됩니다.

만약 '5년 안에 스마트팩토리 공정AI 적용에 핵심 경쟁력을 가진

12) 'Backcasting'은 1980년대 스웨덴 시스템 분석가 Henrik Robert 등에 의해 개발되고 체계화된 것으로, 필자가 주창한 '역예측 사고'와 개념상 유사점이 많아 영어 표현으로 명기함

◉ 예측 사고와 역예측 사고

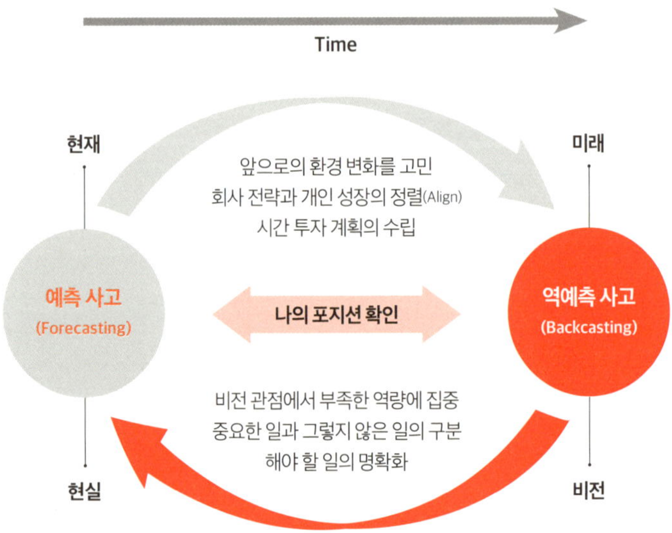

AI기술팀장이 되겠다'라는 커리어 비전을 갖고 있다고 합시다. 이 커리어 비전을 세우려면 먼저 5년 동안 스마트팩토리와 공정AI라는 분야가 전도유망한지를 알아야 합니다. 자신의 회사가 여기에 전략적 방점을 두고 투자하는지 확인하는 것도 중요합니다. 투자를 하는 곳에는 기회가 생길 수 있기 때문입니다. 사업이 확대되고 조직이 커지면 사람이 필요하고 리더가 될 가능성이 높아집니다.

다음에는 현재 상태에서 내가 무엇을 해야 하는지를 생각하게 됩니다. 부서를 이동할지, AI 교육을 받아 역량 레벨을 올릴지 등 구체적인 할 일이 정해집니다.

그리고 시간 계획이 바뀌게 됩니다. 현재 일도 열심히 해서 성과를 내겠지만 앞으로 도래할 기술 발전이나 조직 확대 등에 관심을 가지게 됩니다.

둘째, '역예측 사고(Backcasting)'를 하게 됩니다.
역예측 사고란 먼저 달성하고자 하는 바람직한 미래를 설정하고 그 미래에 도달하기 위한 경로를 역산해 계획을 수립하는 방법론을 말합니다. 말하자면 5년 후 커리어 비전의 입장에서 현재의 나를 진단하는 것입니다.

예를 들어 '스마트팩토리 공정AI 적용에 핵심 경쟁력을 가진 AI 기술팀장'이 커리어 비전이라면 현재 AI기술팀장의 요구 조건에 비해 현재의 내가 무엇이 부족한지를 파악하게 됩니다. 즉 공정 경험이 부족한지, AI 과제 경험이 부족한지 등 보완이 필요한 역량을 발견할 수 있습니다. 그러면 앞으로 개발해야 할 역량에 시간과 자원을 집중하게 되고, 어떻게 투자할지 계획을 세우게 됩니다.

이처럼 커리어 비전을 명확하게 세운 사람은 매일 예측 사고와 역예측 사고를 통해 미래에 자신이 가야 하는 길에 놓인 환경 변화에 대한 대응 역량을 높이는 노력을 하게 됩니다. 반대로 커리어 비전이 없는 사람은 일은 열심히 하지만 자신이 지금 어디에 있는지 모른 채 길을 잃은 사람이 될 가능성이 높습니다. 둘 중 어느 쪽이 성공적인 직장생활을 할지는 너무나 자명합니다.

설정 기간: 일정 시점 5년

커리어 비전을 세울 때 '일정 시점'의 중요성을 여러 번 언급했습니다. 그렇다면 어느 정도의 기간이 좋을까요. 사실 정해진 기준은 없으며, 퇴직 시까지 남은 기간이나 회사의 인사 제도를 고려하는 것이 좋습니다.

필자의 경험을 토대로 제시하면 '5년'이 가장 적절했습니다. 3년 이하는 과감한 커리어 비전을 달성하기에 다소 짧았고, 7년 이상은 중간 점검이 쉽지 않은 데다 긴장감을 계속 유지하기도 쉽지 않았습니다. 보통 1년 단위로 커리어 계획을 세우는 이들에게 어쩌면 5년은 길게 느껴질 수 있습니다. 하지만 '5년'의 비밀은 최인철 서울대 심리학과 교수의『프레임』이라는 책에서도 밝히고 있습니다.

최인철 교수는 장기적인 비전을 달성하려면 절차 중심의 '하위 프레임'보다 의미 중심의 '상위 프레임'을 따르라고 제안합니다. 예컨대 데이트 신청을 할 때 다짜고짜 오늘 저녁에 만나자고 하는 것이 하위 수준으로 프레임하는 것입니다. 이때 상대방이 신청을 수락하려면 당장 오늘 저녁 일정을 조정해야 하고 입고 갈 옷이나 이동 수단 등도 결정해야 합니다. 이렇게 짧은 시간에 일정 변경이나 구체적 절차(How to)를 고려해야 하기 때문에 '노(No)'라고 거절할 가능성이 높아집니다.

새해 결심이나 방학 일정표가 작심삼일로 끝나는 이유도 비슷합니다. 계획할 때는 1년 혹은 몇 달 후의 결과를 이룬 모습을 상위 수준으로 프레임하지만, 실제 실행할 때는 매일 시간별로 할 일 같

◉ **상위 프레임과 하위 프레임**[13)]

상위 프레임 (먼 미래)		하위 프레임 (가까운 미래)
의미	:	실현 가능성
목표	:	절차
Why	:	How to
Yes	:	No
Go	:	Stop

---

13) 최인철 교수의 저서(『프레임』, 21세기북스, 2021) 및 강연 자료를 참고해 필자 정리

은 절차 중심의 하위 수준으로 프레임하기 때문에 지속하기가 쉽지 않습니다.

커리어 비전도 마찬가지입니다. '단기 목표' 위주의 하위 프레임보다 '의미' 중심의 상위 프레임으로 생각하고 행동해야 계획에 도달할 확률이 높아집니다. 그리고 '5년'이란 기간은 의미 중심으로 프레임하고 행동하기에 충분한 시간입니다.

필자는 1년에 52권의 책을 읽습니다. 눈치챈 이도 있겠지만 52라는 숫자는 1년의 주 수입니다. 즉 1주에 1권의 책을 읽는 셈입니다. 그러나 필자는 '1년에 52권'이라고 하지 절대 '1주에 1권'이라고 하지 않습니다. 여기에 상위 프레임과 하위 프레임의 원리가 작동하고 있습니다.

1주에 1권이라는 하위 프레임을 적용하면 어떻게 될까요. 바쁜 일정 등의 이유로 1권을 미처 다 읽지 못하는 주에는 목표 달성에 실패한 것이 되어 의욕이 저하됩니다.

하지만 1년에 52권이라는 상위 프레임을 적용하면 1권을 못 읽은 주가 여럿 있다 해도 결과적으로 목표를 채우는 데 큰 문제가 없습니다. 여유가 있는 주에 2권을 읽을 수도 있고 휴가 때 서너 권을 몰아 읽어도 되니까요.

이처럼 필자는 어떤(What) 책을 왜(Why) 읽는가를 고민하지 1주에 1권을 어떻게(How to) 읽을 것인가를 고민하지 않습니다. 그렇게 하다 보면 어느덧 연말에 52권이 넘는 책을 읽은 자신을 발견합니다. 이것이 바로 상위 프레임을 따르는 것입니다.

챕터 II 요약

인생의 관점에서 직장생활 들여다보기:
냉엄한 현실 인식과 자기 객관화가 필요하다!

노동 수명을 연장해야만 하는 시대입니다. 현재 개인에게 주어진 직장생활은 늘어난 수명을 감당하기에 충분하지 않습니다. 평균 퇴직 연령과 기대 수명을 고려하면 채 30년이 안 되는 직장생활로 짧게는 20여 년, 길게는 40년 이상의 노후를 감당해야 하는데 그런 직업적, 경제적 여유를 만들기 어렵습니다. 특히 자녀 결혼 비용, 노후 생활비, 의료비 등 고비용의 난제가 즐비한 노후를 살아 내려면 노동 수명을 연장하지 않고는 해법을 찾기 어려운 시대가 됐습니다.

필자가 직장생활을 관통하는 화두로서 '핵심 경쟁력(Employability)'을 강조하는 이유입니다. 현재의 직장에서 '외부에서도 인정받는, 차별화된, 전략적으로 습득한 핵심 경쟁력'을 만들어 내지 않으면 노동 수명을 연장할 수 없습니다.

직장생활을 통해 핵심 경쟁력을 만들 수 있는 방법이 바로 '커리어 비전'입니다. 이 커리어 비전은 차별화된 핵심 경쟁력을 의미하는 '스킬'과 일정 시점에 도달할 포지션(직위)을 결합한 것입니다.

커리어 비전은 반드시 구체적 결과여야 하며 기간이 정해져 있어야 하고 도전적이면서도 달성 가능한 것이어야 합니다. 그래야 비전으로 가는 과정에서 길을 잃지 않고 비전과의 거리를 확인할 수 있으며 방향도 잃지 않을 수 있습니다. 또한 매일매일 비전을 되새김으로써 예측 사고(Forecasting)와 역예측 사고(Backcasting)가 작동돼 비전 달성에 몰입할 수 있는 노력을 경주할 수 있습니다.

III

직장인의 균형 잡힌 커리어 비전

성공적인 행동 변화를 [이루려면...] (중략)

여러 개의 목표를 조율할 줄 알아야 한다. (중략)

목표 간 우선순위를 정하고,

적절한 균형점을 [찾는 법을] 배워야 한다.

- 아옐릿 피시배크 『반드시 끝내는 힘』 -

깨진 나무 물통의 법칙

행동과학자 아옐릿 피시배크는 저서 『반드시 끝내는 힘』에서 성공적인 행동 변화를 위해 필수적으로 "여러 가지 목표를 조율할 줄 알아야 한다"라고 강조했습니다. 인생에는 커리어만 있는 것이 아닙니다. 가족, 돈, 인간관계 등 나를 둘러싼 여러 문제를 같이 해결해 나가야 합니다.

그러려면 여러 인생의 목표가 서로 모순되지 않아야 합니다. 그리고 목표 간에 우선순위를 정해 적절한 균형점을 찾는 법을 배워 행동 변화를 촉진해야 합니다. 즉 '균형 잡힌 커리어 비전'이 필요합니다.

◉ **깨진 나무 물통의 비유**

균형 잡힌 커리어 비전은 깨진 나무 물통[14]의 예를 통해 쉽게 설명할 수 있습니다. 위의 그림과 같이 서부 영화에 종종 등장하는 판자를 연결해서 만든 나무 물통이 있습니다. 이 물통에는 원래 물이 가득 들어 있었지만, 어느 날 무법자가 나타나 총을 쏘는 바람에 판자 하나의 절반이 부서져 버렸습니다. 그래서 어떻게 됐을까요. 당

14) 나무 물통 비유는 독일의 화학자 Justus von Liebig가 '최소율의 법칙(Law of Minimum)'을 설명하며 사용한 것을 필자가 커리어 비전에 맞게 응용함. 최소율의 법칙은 식물 생장의 10대 필수 원소 중 단 하나의 영양소가 부족하고 나머지 모든 영양소는 풍부하더라도 그 식물은 가장 부족한 영양소의 수준까지만 성장한다는 이론임

연히 물통 속에 들어 있던 물이 흘러나와 버렸습니다. 얼마만큼 흘러나왔을까요. 깨진 판자는 하나뿐이지만 물은 그림처럼 물통의 절반밖에 남아 있지 않게 됐습니다.

이 물통이 상징하는 것은 우리 인생의 여러 요소와 행복의 관계입니다. 나, 가족, 돈, 직무, 인간관계…. 각 판자 하나하나는 인생에서 중요한 것을 상징합니다. 무법자는 인생의 돌발변수입니다. 의도한 것이 아닌데 생기는 여러 가지 예측 불가능한 문제입니다. 그리고 남아 있는 물통 속 물의 양이 바로 행복의 크기입니다. 돌발변수로 인해 여러분이 인생에 중요하다고 생각하는 한 가지의 요소가 손상을 입으면 그 손상된 부분만이 아니라 전체 행복의 크기가 줄어들게 됩니다.

사람은 고립된 개인일 수 없습니다. 적어도 생활을 같이하는 가족을 고려해야 합니다. 직장에서 아무리 성장가도를 달리고 있어도 가족이 불행하면 내 행복의 크기도 줄어듭니다. 따라서 커리어 비전에서 가족의 미래상도 같이 고민할 필요가 있습니다.

나와 돈의 관계도 반드시 정리해야 합니다. 지금 직장생활에서 만들어 내는 수입 규모로 노후를 책임질 수 있는지 점검이 필요합니다. 현재의 생활뿐 아니라 은퇴 이후의 노후생활에 이르는 인생 전반을 고려한 재무 설계를 구체적으로 고민해야 합니다.

균형 잡힌 커리어 비전의 3요소

이제 균형 잡힌 커리어 비전을 만드는 구체적 방법론으로 들어가 볼까요. 우선 자신의 인생에서 중요한 요소를 추려 봐야 합니다. 남들이 중요하다고 말하는 요소가 아니라 내 가치관에 맞는 요소를 찾는 것이 필요합니다.

필자의 경험으로는 적어도 3가지를 꼭 포함해야 합니다. 나와 나의 관계, 나와 가족의 관계, 나와 돈의 관계입니다.

1. 나와 나: 개인 비전

커리어 비전을 설정하려면 '나와 나'의 관계를 알아야 합니다. 내가 나를 제일 잘 알지 않느냐고 반문할 수도 있습니다. 그러나 진정한 나를 알아 가는 일은 생각보다 쉽지 않으며 평생 들여다봐야 할 화두입니다. 시간이 지나면서, 또는 상황에 따라서 원하는 것이 바뀌기도 합니다. 따라서 일정한 주기로 자신을 객관화하고 냉철하게 들여다보는 노력이 필요합니다. 이는 올바른 커리어 비전의 설정을 위한 기본 전제이며 궁극적으로 행복한 인생과 연결됩니다.

나와 나의 관계를 알아보는 첫 번째 방법은 이른바 '양파 껍질 벗기기'입니다.

양파는 까고 까도 속을 모른다고 하죠. 마찬가지로 '진정한 나'를 알기는 쉽지 않습니다. 사람은 결코 단순하지 않고 입체적이며 종합적이기 때문입니다. 나를 구성하는 요소가 서로 얽혀 있기도 하고 따로 떨어져 있기도 하기 때문에 파악이 쉽지 않습니다.

요즘은 MBTI가 개인의 성격 유형을 파악하는 데 자주 쓰이지만, 간소화된 이분법적 유형만으로 복잡한 각 개인의 특성을 파악하는 데는 한계가 있습니다. 결국 자신을 대상으로 양파 껍질을 하나하나 까듯이 분석해 보고 종합하는 노력이 필요합니다.

◉ **양파 껍질 벗기기로 보는 '나'**[15)]

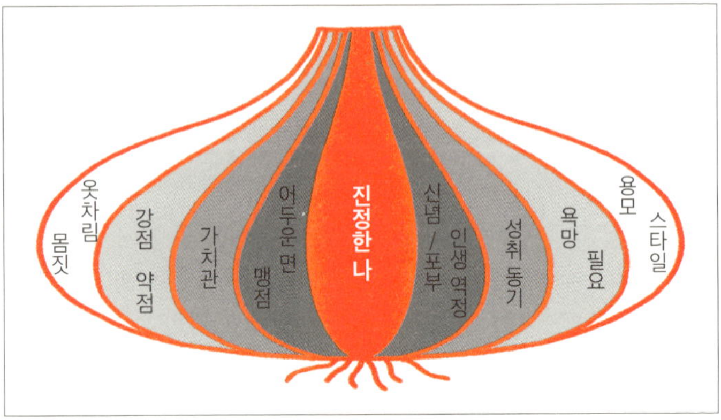

사실 직장인 대부분은 이런 '양파 껍질 벗기는 일'을 해본 적이 있습니다. 회사에 입사할 때 제출한 자기소개서를 통해서입니다.

- 당신의 장단점은 무엇인가요? 자신의 단점을 보완하기 위해 하고 있는 일은 무엇인가요?
- 밤을 새도 안 피곤할 만큼 좋아하는 일은 무엇인가요?
- 인생에서 가장 어려웠던 일은 무엇이며 이를 어떻게 극복했나요?
- 입사하면 당신이 기여할 수 있는 일은 무엇이라고 생각합니까?

---

15) 빌 조지, 『나침반 리더십』, 청림출판, 2007, 필자 일부 수정

다들 이런 질문을 채우며 자기소개서를 작성했을 것입니다. 지금 이 질문에 다시 답을 해볼까요. 직장생활을 하는 동안 달라진 답이 있나요. 변한 것은 무엇이고 변하지 않은 것은 무엇인가요. 왼쪽의 양파 그림과 같이 하버드대 경영대학원 교수 빌 조지가 저서『나침반 리더십』에서 제시한 단어 하나하나에 현재 여러분의 상황을 대입해 보는 것도 좋습니다. '나'를 좀 더 명확하게 알 수 있을 것입니다.

나를 알기 위한 두 번째 방법은 '내가 해온 선택 돌아보기'입니다. 이는 자신의 가치관을 확인하기 위해 더없이 좋은 방법입니다. '현재의 나는 그동안 내가 해온 선택들의 합'이라는 말도 있습니다. 여러분도 성년이 된 후 어떤 선택을 해왔는지 거슬러 올라가 볼 필요가 있습니다.

- 나는 ○○ 대학과 ○○ 전공을 왜 선택했는가?
- 나는 현재 하고 있는 일을 왜 선택했는가?
- 나는 현재 다니는 회사를 왜 선택했는가?
- 나는 현재 배우자를 왜 선택했는가?

이 질문에 대한 솔직한 대답이 필요합니다. 어쩌면 대부분의 MZ세대에겐 껄끄러운 질문일 수 있습니다. 치열한 입시 및 취업 경쟁 상황에서 가고 싶은 대학이 아니라 성적에 맞는 대학, 하고 싶은 일이 아니라 입사 시험에 합격한 직장을 선택한 경우가 많을 것이기 때문입니다. 또는 부모님의 강요나 남의 시선 때문에 한 선택도 적지 않을 것입니다.

세상에 자기가 좋아해서 일하는 사람이 몇이나 되느냐고 반문할 수 있지만, 커리어 비전을 위해서는 어쨌든 그런 선택의 합이 지금의 '나'라는 사실 앞에서 솔직해질 수 있어야 합니다. 이제부터라도 '진짜 내 선택'을 해야 하기 때문입니다. 내 인생은 내가 책임지고 헤쳐 나가야 하기에 내 가치관에 맞지 않는 선택은 인생의 행복과 연결되지 않습니다. 내가 원하는 일과 바라는 커리어 비전에 맞는 선택을 하는 것이 중요합니다.

내가 선택하고 계획한 것이 성취되는 것만큼 행복한 일은 없습니다. 설령 실패하더라도 후회가 적고 다시 일어설 수 있습니다. 그리고 다시 인생을 되돌아볼 시기가 오면 스스로의 선택에 따라 인생을 주체적으로 살았다는 만족감이 행복감을 배가할 것입니다.

나를 알아보는 세 번째 방법은 '남을 통해 자신을 알기'입니다.

'조하리의 마음의 창(Johari Window)'[16]이라는 이론을 창안한 미국

16) 'Johari'는 이론의 창안자 Joseph과 Harry의 앞글자를 합성한 것임

의 심리학자 조셉 루프트(Joseph Luft)와 해리 잉햄(Harry Ingham)에 따르면, 인간의 마음은 아래 그림과 같이 4가지의 창을 갖고 있습니다.

먼저 좌측 상단은 나도 알고 남도 아는 '공개된 정보(Open)' 영역입니다. 행동으로 외부에 표출되기에 행동 영역이라고도 부르며 나와 남이 동시에 아는 영역입니다.

◉ 조하리의 마음의 창[17)]

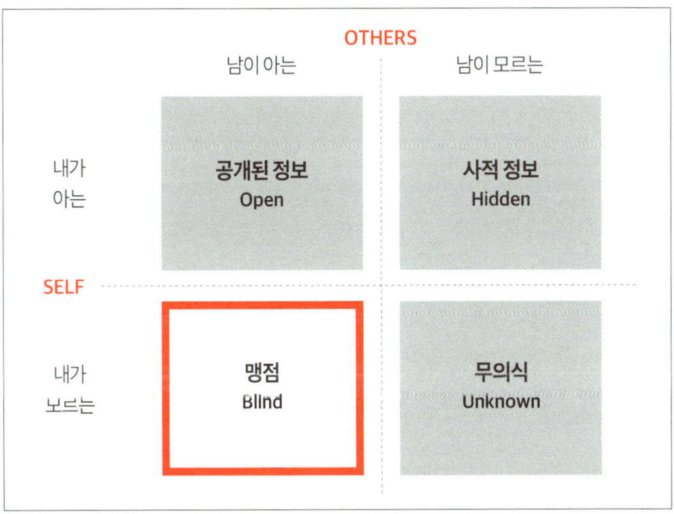

17) Joseph Luft와 Harry Ingham의 이론을 참고해 필자 정리

우측 상단은 '사적(Hidden)' 영역입니다. 나는 알지만 남들은 모르는 영역으로 거의 모든 사람이 가지고 있습니다.

우측 하단은 남도 모르고 나도 모르는 '무의식(Unknown)' 영역입니다. 평소에는 절대 외부로 표출되지 않다가 나도 모르는 사이에 행동으로 튀어나와 스스로도 놀라게 되는 영역입니다.

이 모델에서 주목해야 할 것은 좌측 하단의 '맹점(Blind)' 영역입니다. '남은 아는데 정작 나는 모르는' 영역입니다. 그래서 이것을 '평판(Reputation)' 또는 '뒷담화' 영역이라고 부르기도 합니다. 내가 누구인지 아는 데는 4가지 영역이 다 필요하지만, 조직생활을 하거나 다른 사람들과의 관계가 많은 직장인은 맹점 영역에 더욱 주의를 기울여야 합니다. 조직생활을 하면 할수록 이 영역이 커지기 때문입니다.

사람은 대부분 성인이 될수록 자신의 판단이 맞다고 생각하는 경향이 커집니다. 그래서 주변 사람들은 누군가에게 문제점이 있어도 잘 말하지 않습니다. 얘기한다고 고쳐지지 않는다고 생각하기 때문입니다. 회사에서도 개인의 역량이나 조직 기여도에 대해 평가는 하지만 아주 구체적으로 지적하기보다 두루뭉술하게 표현하곤 합니다. 결국 나이가 들수록, 어떤 조직에 오래 있을수록 맹점 영역은 커지게 됩니다.

이런 관점으로 보면 회사에서 가장 취약한 사람은 누구일까요. 바로 CEO입니다. 회사 내 누구도 감히 CEO에게 역량이 있느니 없느니, 리더십이 어떻느니 직접 말하기 힘들기 때문입니다. 좀 더 과장하면 CEO에게는 아무도 진실을 이야기하지 않습니다. 그래서 '임금님 귀는 당나귀 귀'나 '벌거벗은 임금님' 우화가 나온 것이죠.

그렇다면 맹점 영역을 없애거나 최소화하는 방법은 없을까요. 있습니다. 바로 주위로부터 피드백을 받는 것입니다. 나를 잘 알고 있다고 생각되는 사람들, 이를테면 현재와 과거의 직속 상사, 나를 가르친 선배, 입사 동기, 인사팀 등 나의 역량이나 회사에서의 평판을 솔직하게 피드백 해줄 수 있는 사람들에게 물어보고 의견을 듣는 것입니다. 가급적 이해관계를 벗어나 객관성을 유지할 수 있는 상대일수록 피드백이 더 명확합니다.

실제로 필자는 솔직한 피드백 덕분에 커리어를 바꾼 경험이 있습니다. MBA를 다녀온 이듬해 일입니다. 10여 년간 영업본부의 마케팅 부서에서 유통 마케팅을 담당하다 본사 CHO로부터 제안을 받고 커리어를 HR로 완전히 바꿨습니다.

MBA까지 하며 마케터로서 꿈을 키워 나가던 필자가 HR로 이동하게 된 것은 영업본부에서 인사팀장을 2년간 한 일이 계기가 되었습니다. 그때 인연으로 본사 CHO가 인사 부서 팀장을 찾던 중에

MBA에서 막 돌아온 필자에게 함께 일하자는 제안을 한 것입니다.

처음에는 망설일 수밖에 없었습니다. 당시 필자의 커리어 비전은 '5년 내에 국내외 유통 마케팅에 핵심 경쟁력을 가진 담당(비임원 포지션)'이었기 때문입니다. 그런데 분위기가 심상치 않았습니다. 회사 전체의 인사를 총괄하는 CHO가 원하다 보니 필자의 직속 상사에게도 강한 요청이 있었던 모양입니다. 임원이 저를 면담하기 시작했고, 영업본부장까지 직접 나서 좋은 기회라며 가 보라고 권유했습니다.

하지만 적성과 역량이 HR보다 유통 마케팅에 있다고 굳게 믿은 필자는 계속 망설였습니다. 그렇게 고민을 계속하던 차에 솔직한 피드백을 해줄 수 있는 네트워크를 활용하기로 했습니다. 선배 팀장 5명, 주로 입사 동기인 동료 팀장 5명에게 필자의 거취에 대한 의견을 구한 것입니다.

결과는 마케팅 3, HR 7. 필자는 충격에 빠졌습니다. 스스로 생각한 것과 피드백 내용이 반대였기 때문입니다. HR이라고 응답한 이들의 공통된 의견은 필자가 영업본부 인사팀장으로 있을 때 인사팀이 다른 때보다 역할을 잘했다는 것이었습니다.

고민은 오래가지 않았습니다. 그들이 훨씬 더 객관적으로 보고 있다는 생각이 들었기 때문입니다. 그 판단은 결과적으로 옳았습니다. 부서 이동 후 약 20년을 HR 부문에서 근무하며 임원으로 승진했습니다. 지주회사 인사팀장을 비롯한 5개 회사의 CHO로 일하며 역량을 펼칠 수 있었습니다.

피드백을 받는다고 모두 성공하는 것은 아니지만 성공한 사람은 대부분 객관적인 피드백을 받으려고 노력했습니다. '피드백은 챔피언이 먹는 아침식사'라는 말이 있습니다. 이는 피드백의 중요성을 강조하는 동시에 피드백은 지속적으로 받아야 하는 것임을 의미합니다. 즉 피드백은 아침식사처럼 계속돼야 의미가 있습니다.

2. 나와 가족: 가족 비전

가족은 나의 행복에 영향을 주는 중요한 요소입니다. 따라서 커리어 비전을 수립할 때 가족의 비전을 같이 고민해야 합니다. 자신의 커리어 비전만을 추구하다 배우자와 자녀가 성장할 기회를 놓치게 하거나 가로막는다면 그것은 나 홀로 비전이 될 뿐입니다.

가족 비전은 대상별로 가장 핵심적인 요소를 정리할 필요가 있습니다. 5년 후에 나를 둘러싼 가족의 모습이 어떨지, 더 바람직한 방향으로 관계를 만들려면 어떻게 해야 하는지, 이를 위해 어떤 지원이 필요한지를 고민해 보고 반영해야 합니다.

첫 번째는 부모와의 관계입니다. 형제자매가 있다면 부모를 어떻게 케어할 것인지를 논의해 명확히 할 필요가 있습니다. 특히 케어를 뒷받침할 경제적 여건도 함께 고민해야 합니다. 양친이 모두 있는지, 경제 활동을 하고 있는지, 양친의 관계가 좋은지 등 각자의 상황에 맞게 5년 후 예상되는 모습을 정리하고 해야 할 일을 정리해야 합니다. 기혼자라면 친가뿐 시댁이나 처가를 포함한 양가의 부모를 함께 고려할 필요가 있습니다.

두 번째는 배우자와의 관계입니다. 맞벌이일 경우 상대방의 커리어 비전도 나의 커리어 비전만큼 중요하게 생각해야 합니다. 무엇보다 서로의 비전을 지지하는 관계가 되는 것이 중요합니다. 부부만큼 서로의 비전을 지지하고 비전을 포기하지 않도록 용기를 주는 관계는 없다고 해도 과언이 아닙니다.

세 번째는 자녀와의 관계입니다. 자녀의 5년 후 학업이나 진로를 가족 비전에 반영할 필요가 있습니다. 또한 필요시 가능한 각종 지원, 자녀의 적성에 대한 배려, 자녀에 대한 나의 바람 등을 정리할 필요가 있습니다.

이러한 가족 비전은 나만의 생각으로 되는 것이 아닙니다. 상호 공감대를 가진 가운데 만들어야 하며, 그래서 소통과 이해가 전제

돼야 합니다. 나의 희망만으로 비전을 설계하면 역효과가 날 수 있습니다. 예컨대 맞벌이 배우자는 계속 직장생활을 해서 승진하고 싶어 하는데 전업주부가 할 수 있는 비전을 수립하거나, 예술계를 전공하고 싶어 하는 자녀에게 법대나 의대 입학을 비전으로 제시한다면 자칫 깨진 나무 물통이 될 수 있습니다.

3. 나와 돈: 재무 비전

나와 돈의 관계는 이진 챕터에서 실펴본 바와 같이 새무주기 전체를 고려한 커리어 비전 수립이 필요합니다. 직장생활에서 얻는 수입의 크기와 이를 바탕으로 은퇴 후 노후 대책을 감안한 재무 설계를 해야 합니다. 이를테면 노동력의 가치가 클 때는 근로소득을 극대화하고, 노동력의 가치가 떨어진 퇴직 이후에는 자본소득을 극대화하는 노력이 필요합니다.

이 과정이 쉽지만은 않습니다. 과거에는 자산 가격이 계속 올랐기 때문에 자산 증식 위주의 '재테크'가 유효했지만, 보다 복잡다단해진 지금의 경제 상황에서는 안전하면서도 오랜 기간 현금 흐름을 창출할 수 있는 '재무 설계'를 고민해야 합니다.

노후에 필요한 현금 흐름을 확보하기 위해서는 4층의 연금 전략(국민연금, 개인연금, 퇴직연금, 주택연금) 등을 비전 안에 넣고 5년마다 차근차근 준비해 가는 방식으로 입사 때부터 실행하는 것이 중요합니다. 최근에는 개인 차원의 투자가 성공하기 힘들어졌고 재무 설계 컨설팅이 보편화된 만큼 전문가의 가이드를 적극 활용하는 것도 추천합니다. 커리어 비전 워크숍에서도 재무 설계 전문가를 초청해 강의를 진행합니다.

재무 설계에는 일확천금이라는 개념이 없습니다. 분산, 장기, 포트폴리오 같은 투자 방법을 도입해 재무주기 전체를 활용하는 것이 핵심 개념입니다. 이때 가장 조심해야 할 것은 '변동성'입니다. 요즘처럼 대내외 환경이 급변하는 시대에는 변동성의 영향을 최소화하는 전략이 필요합니다. 5년 후의 비전도 이러한 관점에서 고민하고 반영해야 합니다. '40대 이후의 재산은 무덤까지 갖고 가라'라는 재무 관련 격언도 있습니다. 성장성보다는 안정성에 중점을 둔 재무 설계가 필요하다는 뜻입니다.

나와 돈의 관계는 직장생활과도 밀접한 연관이 있습니다. 회사를 다니면서 재무 설계에 따라 움직이는 사람은 직장생활에서도 당당하고 자신감이 있는 반면, 그렇지 않은 경우는 회사 내 인간관계에서 소극적으로 행동하는 경우가 많습니다. 심지어 미래 재무 비전이 미흡한 경우, 노후에 발생할 재정 부담을 감당하기 위해 직무 윤리에 어긋나는 행위를 하거나 부정한 유혹에 넘어가는 일도 종종 발생합니다.

결국 직장생활의 근간을 지키려면 돈과 나의 관계를 확실히 정리해야 합니다. "돈이 행복을 가져다주지는 않는다. 돈에서 자유로울 수 있게 해줄 뿐이다." 많은 재무 전문가들, 성공과 행복을 연구하는 학자들이 한결같이 하는 말입니다.

챕터 III 요약

직장인의 균형 잡힌 커리어 비전:
나와 나, 나와 가족, 나와 돈

커리어 비전은 나를 둘러싼 사람과 자원에 대한 고려를 통해 균형이 잡혀 있어야 합니다. 특히 나와 나, 나와 가족, 나와 돈, 이 세 가지는 반드시 고려해 각각의 비전을 설정해야 합니다.

커리어 비전은 무엇보다 자기 자신을 명확하고 객관적으로 인식할 수 있을 때 힘을 발휘합니다. 나의 장점과 약점, 내적 동기와 맹점 등을 알고 강점을 강화하는 방향으로 개인 비전을 수립해 달성 노력을 경주할 때 개인의 성장과 연결될 수 있습니다.

가족의 행복도 중요합니다. 인생의 행복은 가족을 제외하고 생각할 수 없습니다. 부모와 배우자, 자녀 등 가족의 미래도 함께 고민하고 지원하는 가족 비전이라야 비로소 균형 있는 커리어 비전이라고 할 수 있습니다.

나와 돈의 관계도 살펴야 합니다. 현재와 노후의 생활을 모두 고려한 재무 비전을 실행할 때 인생 전체의 안정감 있는 행복을 추구할 수 있습니다.

이 외에도 개인 역량, 인간관계 등 자신이 중요하다고 생각하는 인생의 가치를 커리어 비전 항목으로 설정해서 균형감 있게 추구해야 합니다. 내가 생각하는 인생의 가치에 대한 비전을 수립해서 추구할 때 궁극적으로 인생의 행복을 향해 갈 수 있습니다.

IV

커리어 비전의 실제: Case Study

프롤로그에서 이 책은 '지침서'가 아닌 '실천서'라고 정의한 바 있습니다. 이번 챕터에서는 필자가 지난 35년의 직장생활 동안 실천해 온 실제 커리어 비전을 소개합니다. (이 책의 독자를 고려해 임원 이전까지의 사례를 소개합니다.) 다만 필자가 신입사원 때부터 시작한 것이기에 지금처럼 완성도가 높지 않고 앞에서 제시한 커리어 비전의 기준에 딱 들어맞지 않을 수 있습니다. 또한 필자가 가진 특성과 강점, 커리어를 중심으로 만들었기 때문에 여러분의 상황과는 맞지 않을 수 있습니다. 하나의 사례로 참조만 할 뿐 그대로 따를 필요는 없음을 미리 밝힙니다.

삶에서 가장 고귀하고

가장 아름다운 것은

들은 것도, 읽은 것도, 본 것도 아니다.

살아 본 것이다.

- 쇠렌 키르케고르 -

(안토니아 케이스 『이 삶이 당신을 어디로 이끌었든』에서 재인용)

1차 커리어 비전

비전 수립: 신입사원의 고민

필자는 학부에서 철학을 전공한 후 집안 사정으로 대학원 진학을 포기하고 LG그룹에 신입사원으로 입사했습니다. 다른 대부분의 입사 동기와 달리 경영학을 전공하지도 않았고, 회사라는 조직의 특성도 잘 몰라 신입사원 때는 여러모로 부족함이 많았습니다.

출발점 자체가 다르다는 생각도 들었습니다. 다른 사람보다 운동장 한 바퀴를 뒤진 것 같아 초조함도 컸습니다. 그래서 어떻게 하면 그들과 같은 선상에서 달릴 수 있을지를 고민했고, 궁여지책으

◉ **최초의 커리어 비전**

항목	5년 후 장래상	실행 방안
스킬/포지션 비전	• 영업을 경험한 유통기획 업무 전문가 선임사원(대리)	• 영업 현업 자원
개인 역량 비전	• TOEIC 점수 730점 이상 획득 • Spread Sheet 역량시험 합격 • 맥킨지 상권 분석 역량 확보 • 5년간 120권 독서	• 어학 강좌 수강 • 전문가 삼고초려 • 상권 분석 컨설팅 참여/실전 경험 • 매월 책 2권 사기
가족 비전	• 결혼해서 자녀 1명	
재무 비전	• 5년 이내에 집 구입	• 부동산/대출 연구 (매일경제 부동산면)

로 우선 1년간 회사를 경험해 보면서 커리어 비전을 세우기로 마음먹었습니다.

위 표는 입사 2년차인 1990년에 세운 필자의 커리어 비전을 거의 그대로 옮긴 것입니다. 첫 번째 커리어 비전이라 어설픈 면이 많지만 실제 실행 사례라는 데 의의를 두고 구체적으로 살펴보겠습니다.

먼저 '스킬' 비전은 '영업을 경험한 유통 기획 업무 전문가'입니다. 필자가 입사 후 처음 배정된 국내영업본부의 스태프 부서인 '유통기획부'는 국내영업본부의 모든 정보가 모이는 곳이었습니다. 대리점 유통망 관리, 인사 및 예산 관리, 영업 주문과 수금 실적 관리, 거래선 행사 및 영업 직원 교육, 영업 정보 및 일본 유통 연구 등과 같은 일을 하는 부서였는데, 다양한 업무를 담당하면서 때로 타 부서의 업무를 지원하기도 했습니다.

그런데 자세히 살펴보니 본부 임원들은 모두 영업 경험이 있었습니다. 출발 부서는 달라도 영업 현장을 경험하지 않고 임원이 된 사람은 한 명도 없었습니다. 그래서 유통 마케팅 전문가로 성장하려면 5년 안에 반드시 영업사원을 경험해야 한다고 생각했고, 이왕 영업을 경험하려면 하루라도 젊을 때 해야겠다고 결심했습니다.

'포지션(직위)' 비전의 경우 대리에 해당하는 '선임사원'으로 설정했습니다. 선임사원으로 진급하려면 대상자의 전문성을 검증하는 논문 심사와 어학 기준을 통과해야 했는데, 당시 합격률이 50% 미만으로 결코 녹록지 않은 관문이었습니다. 그러나 필자는 적어도 1년 먼저 선임사원이 된다는 야심 찬 비전을 설정했습니다. 달성 가능하지만 동시에 도전적인 목표를 세운 것입니다.

다음으로 '개인 역량' 비전은 IT 역량과 외국어 역량에 중점을 두었습니다. 당시 회사 업무에 막 도입된 IT 시스템의 활용 역량을 높이기 위해 스프레드시트[18] 활용을 중심으로 한 사내 IT 시험 합격을 목표로 설정했습니다. 어학 역량의 경우 진급을 위한 토익 기준점을 상회하면서 응시 영구 면제 수준을 목표로 수립했습니다.

독서 목표도 설정했습니다. 경제, 경영, 자기계발과 관련된 서적을 1년에 24권씩, 상위 프레임으로 5년에 120권 읽겠다고 정했습니다. 직장생활에 도움이 되는 분야의 독서를 통해 빠르게 회사에 적응하고자 설정한 비전이었습니다.

'가족' 비전은 미혼인 필자가 5년 후에는 결혼도 하고 아이를 1명 정도 갖는 것을 바람직한(?) 미래상으로 생각했습니다. 왜 하지도 않은 결혼과 태어나지도 않은 자녀 수까지 정해야 하는가 의문을 가질 수 있으나, 필자에게는 인생의 청사진 중 결혼과 자녀가 하나의 중요한 요소였기에 가족 비전에 포함했습니다.

'재무' 비전에서 급선무는 집을 장만하는 것이었습니다. 당시로서는 결혼을 해도 겨우 전셋집을 얻을 수 있는 형편이었지만, 5년 후에는 무리를 해서라도 집을 마련하자는 바람을 가졌습니다. 5년 만에 집을 사겠다는 목표가 현실적으로 불가능해 보이긴 했지만,

18) 쿼트로 프로(Quattro Pro), 현재의 윈도우 버전 엑셀에 해당함

'한번 도전해 보자'라는 마음으로 과감한 비전을 설정했습니다.

이러한 1차 커리어 비전은 지금 보니 아무래도 완성도가 떨어집니다. 사회 초년생의 미숙함도 드러나고 개인 역량에 편중된 부분도 확인됩니다. '집을 산다'와 같이 비현실적인 비전도 포함돼 있고요. 그럼에도 각 비전은 모두 최종 결과, 특히 숫자 중심으로 기술돼 있습니다. 또한 우선적으로 시도 가능한 것을 '실행 방안'란에 기술했습니다.

결론적으로 도전적이기는 하나 실현 가능성을 장담하기 어려운 비전이지만, 현실에 타협하기보다 오히려 과감한 목표를 설정해 실현을 위해 더욱 노력하겠다는 패기 있는 시도였다는 측면에서 긍정적이었다고 자평합니다.

실행 결과: 대성공

1차 커리어 비전의 결과는 어땠을까요. 실로 신기한 일이 많이 벌어졌습니다. 우여곡절은 있었지만 설정한 비전을 거의 달성한 것입니다. 상당히 도전적인 미래상을 설정했는데 막상 실현되고 보니 스스로도 놀라지 않을 수 없었습니다. 비전 수립 당시에 생각한 다소 무모한 계획들이 5년이란 시간을 거치면서 실현 가능한 방법들을 찾은 결과였습니다.

먼저 '스킬/포지션' 비전대로 서울영업 기획팀 선임사원(대리)이 되었습니다. 그 과정에 있던 기존 유통기획부에서는 유통 마케팅, 상권 분석 실무자로 성장할 수 있었습니다. 특히 맥킨지 컨설팅을 통해 상권 분석 프로그램을 수립했는데, 경험 위주로 대리점을 관리하던 영업 관행에 과학적이고 합리적인 상권 분석을 도입함으로써 체계적 영업의 계기를 만들었다고 평가받았습니다. 이를 통해 영업본부 내 상권 분석 방법론을 각 영업 담당에 전파하고 실행하는 전문가로 인정받았습니다.

물론 현장에서 영업사원을 만날 때면 "책상머리에 앉아서 이론만 갖고 뭘 하겠냐. 영업사원을 돕는 게 아니라 할 일만 더 늘리고 있다"라는 비난도 적지 않았습니다. 가장 가슴 아픈 것은 "영업 경험도 없는 사람이 뭘 가르치려 드냐"라는 힐난이었습니다.

그러던 중 새로운 본부장이 오면서 조직 개편으로 필자의 부서도 변화가 생겼고 부서 이동도 일부 가능해졌습니다. 그때 현장에서 겪은 일들과 1차 커리어 비전을 다시 떠올렸습니다. '영업을 경험한'이라는 비전을 실현할 기회가 왔다고 판단한 것입니다.

그러나 영업 현장으로 가는 길은 험난했습니다. 스태프로서 상권 관리 프로그램을 전파할 유일한 담당자가 현장 영업을 지원한다고 하니 상사들은 한사코 말렸습니다. 유통기획부는 영업본부의 핵심 부서인데 굳이 영업 부서로 당장 갈 필요가 있냐, 나중에 가도 되지 않냐는 설득이 이어졌습니다.

주변의 만류를 뿌리치고 서울영업 부서에 배치됐지만 현장 투입은 쉽지 않았습니다. 위에서는 영업 경험이 없는 사람이 어떻게 바로 성과를 내겠느냐며 먼저 영업기획팀에서 1~2년 근무하라고 했습니다. 필자의 정착을 돕기 위한 제안이었지만 한편으론 당시 핫이슈이던 상권 분석을 계속 하게 하려는 복안도 있었던 것 같습니다. 결국 현장 영업사원은 되지 못했습니다. 하지만 영업 경험으로 한발 다가가는 교두보를 만들 수 있었습니다.

선임사원으로 진급하는 것은 다행히 상대적으로 수월했습니다. 유통기획부에서의 경험 덕분에 업무 성과가 나쁘지 않아 1년 조기 진급 찬스를 얻었고, 상권 분석이라는 전문성을 활용한 논문을 써서 진급할 수 있었습니다.

다음으로 '개인 역량' 비전은 스프레드시트 역량 시험을 통과했습니다. 당시에는 제대로 된 IT 교육 과정이 없었기 때문에 책상 앞에 앉는 대신 발로 뛰었습니다. 독학으로 스프레드시트를 배운 사람들을 찾아다니며 익혔습니다.

어학 역량은 토익 시험 응시 영구 면제 자격을 얻기 위해 사내 토익 교육을 열심히 들었습니다. 특히 당시 최초 도입된 토익 리스닝에 집중했습니다. 리스닝 테이프를 사서 소형 카세트에 넣고 출퇴근 때나 휴일에 집중적으로 공부했습니다. 그 결과 시험 2번 만에 목표 점수를 넘길 수 있었습니다.

'가족' 비전 역시 달성했습니다. 사귀던 여자친구와 결혼했고 3년 뒤에 예쁜 딸도 얻었습니다.

'재무' 비전의 내 집 마련은 더 극적이었습니다. 실제 집을 산 것입니다. 여기에는 하나의 숨은 스토리가 있습니다.

5년 내에 내 집 마련을 하겠다는 비전을 설정했을 때 필자는 부동산의 '부' 자도 몰랐습니다. 요즘처럼 부동산의 ABCD를 처음부터 친절하게 가르쳐 주는 온라인 채널이 있는 것도 아니었기에 매우 답답한 상황이었습니다. 그런 가운데 우연한 기회를 발견했습니다.

유통기획부 막내로서 하는 일 중 하나가 매일 아침 영업본부의 영업소별 주문 실적을 뽑는 일이었습니다. 출근하자마자 실적 인쇄부터 해야 했는데, 속도가 느린 도트프린터라 인쇄가 끝날 때까지는 약 20분이 걸렸습니다. 그렇게 멍하니 프린터 앞에 서 있는 시간이 너무 아깝게 느껴졌습니다. 그러던 어느 날, 인쇄가 끝날 때를 기다리다 문득 뒤를 돌아보니 상사의 책상에 신문이 여러 부 놓여 있었습니다. 하릴없이 기다리느니 신문이나 보자는 생각에 불쑥 집어 들었습니다.

그로부터 2년여 동안 필자는 팀 막내 생활을 하면서 주 6일(당시는 주 6일제였음) 아침마다 경제신문 부동산면을 들여다봤습니다. 물론 상사의 신문을 먼저 읽은 티를 내면 안 되기에 살짝 펴서 읽고 다시 제자리에 돌려놓곤 했습니다.

그렇게 1년 정도 시간이 흐르자 모르는 부동산 용어가 없어졌고, 2년이 지나자 웬만한 부동산 제도는 외울 정도가 되었습니다. 정보가 모이니 내 집 마련을 위한 플랜도 세울 수 있었습니다.

어느 지역에 있는 집을 살 것인가. 입지나 대지 지분이 좋은 곳은 어디인가. 편의시설과 조경이 좋은 곳은 어디인가. 재건축의 기회가 있는 곳은 어디인가.

청약 제도를 활용할 수 있는가. 현실에 맞게 청약지축을 들 것인가, 민영주택 청약을 위해 청약예금을 들 것인가. 아니면 양쪽에 다 청약하되 전용면적 25평형 이하만 청약할 수 있는 청약부금을 들 것인가.

집을 사게 된다면 자금은 어떻게 마련할 것인가. 대출은 얼마나 어떻게 받을 것인가. 재형저축의 대출자금과 이자는 얼마인가. 그 이상 들어가는 자금은 어떻게 마련할 것인가.

당시 고민 사항을 적은 실제 메모 내용입니다. 이렇게 나름 치열한 스터디와 고민 끝에 입사 5년차인 1994년, 드디어 내 집 마련의 꿈을 이뤘습니다. 대출과 전세를 끼고 산 과천의 15평대 작은 주공 아파트였는데, 회사에서는 아직 선임사원인 필자가 내 집을 마련했다는 사실이 센세이셔널한 뉴스가 됐습니다. 작은 연립주택에서 전세로 결혼 생활을 시작한 것을 분명히 봤는데 그로부터 5년이 채 되기도 전에 집을 샀다니 대단하다는 칭찬도 이어졌습니다.

불가능하게만 여기던 비전을 달성한 것이 스스로도 대견하고 기뻤습니다. '아, 커리어 비전을 세우면 달성하게 되는구나!' 자신감을 얻는 계기도 되었습니다.

2차 커리어 비전

비전 수립: 과감해진 목표

1차 커리어 비전 달성은 커리어 비전 실현에 대한 확신을 주기에 충분했습니다. 그래서 2차 커리어 비전에는 보다 과감한 목표를 담았습니다.

서울영업에서 유통 기획, 상권 분석 업무를 담당하던 필자는 2년여 후 마침내 꿈에 그리던(?) 영업 현장으로 나가게 되었습니다. 직책은 '종로영업소장'. 이름은 그럴듯하지만 사실 종로영업소는 서울영업의 총 22개 영업소 중 매출 순위 19위의 작은 규모였습니다.

영업소장 초기에는 시행착오도 많았습니다. 그래서 서울영업에서 영업을 제일 잘한다는 영업소장 선배를 찾았고, 삼고초려의 노력을 통해 노하우를 전수받을 수 있었습니다. 그로부터 단 1년 만에 만년 하위 영업소를 매출 달성률 7위까지 올려놓는 성과도 만들었습니다.

그러나 현장에 간 지 채 2년이 안돼 다시 스태프 부서로 돌아가야 했습니다. 영업본부에 새로 생긴 조직문화 업무를 맡게 된 것입니다.

조직문화 업무는 본사와의 접촉이 많아 전사 상황을 비교적 잘 알 수 있었습니다. 당시 회사는 국내 업계 1위를 바탕으로 해외 사업을 적극적으로 확장하던 중이었습니다. 그러다 보니 '글로벌화'가 회사의 최우선 전략이었고, 필자 역시 국내영업본부에만 있어서는 더 높은 커리어를 추구하기 쉽지 않겠다고 판단해 활동 영역을 해외로 넓히자는 생각을 굳혔습니다. 그때 세운 '스킬/포지션' 비전이 '해외 영업을 경험한 차장'입니다.

'개인 역량' 비전은 '토익 점수 830점 이상'이라는 어학 역량으로 설정했습니다. 해외로 가려면 비즈니스 영어 구사 능력이 필요했기 때문입니다. 그간의 국내 영업 경험과 어학 역량을 바탕으로 해외

◉ 2차 커리어 비전

항목	5년 후 장래상	실행 방안
스킬/포지션 비전	• 해외 영업을 경험한 파트장(차장)	• 지역전문가 도전
개인 역량 비전	• TOEIC 점수 830점 이상 획득 • 1년에 30권 독서	• 어학 강좌 수강 • 매월 4권 책 사기
가족 비전	• Wife의 평생 Job 지원	• 학비 지원 • 가사/육아 분담
재무 비전	• 과천 아파트를 통한 자산 증식 및 매각 • 더 큰 아파트(25평)로 이동	• 이동 시 대출 방법 마련

영업에 지원하겠다는 구상이었습니다. 토익 점수의 경우 1차 때보다 100점 높은 830점 이상이면서 회화 역량을 높이는 쪽으로 영어 공부의 방향을 정했습니다. 목표 달성을 위해 회사 내 영어회화 강좌에 등록해 매일 새벽 학구열을 불태웠습니다.

독서량도 더 늘리기로 했습니다. '1년에 30권 읽기'로 정했습니다.

'가족' 비전은 아내가 출산 이후에 시나리오 작가가 되기를 희망해서 작가 교육원을 다닐 수 있도록 학비를 지원하고, 작가로 성장할 수 있는 환경을 만들기 위해 가사와 육아 부담을 분담하는 방안을 강구했습니다.

'재무' 비전은 과천 아파트를 통한 재산 증식과 더 큰 평수의 아파트 입주로 정했습니다. 해당 아파트의 실거래 금액이 재건축에 대한 기대로 매입 금액의 2배를 넘게 되면서 필자는 회사에서 '부동산의 귀재'로 불리기도 했습니다. 아파트 대지 지분이 커서 재건축 분담금도 없었기에 재건축만 성사되면 이른바 대박을 터뜨릴 수 있다는 기대감에 부풀었습니다.

실행 결과: 실패와 반전

2차 커리어 비전은 수난과 극복의 스토리입니다. 다름 아닌 IMF 구제금융 사태라는 외부 충격 때문이었습니다. 1997년 10월 IMF 사태가 시작되자 재정 상황이 부실한 기업의 도산이 이어졌고 수많은 직장인이 정리해고의 파고를 넘지 못한 채 회사 밖으로 쏟아져 나왔습니다. 호기 있게 세운 2차 커리어 비전도 IMF의 여파를 피할 수 없었습니다.

비전 수립 3년차, 필자는 해외 주재원이 되는 교두보인 '지역전문가' 제도에 지원해서 헝가리법인 지역전문가로 당당히 합격했습니다. 정식 발령 대기 통보를 받고 연말이 되기만 기다리고 있는데, 전대미문의 IMF 사태가 터졌습니다. 그리고 얼마 후 모든 지역전문가 파견이 취소됐다는 통보를 받았습니다.

무기한 연기도 아닌 취소였습니다. 기회 자체가 사라진 것입니다. 나라 경제가 휘청거리는 상황에서 지역전문가 제도가 부활할 가능성도 없어 보였습니다. 그렇게 '스킬/포지션' 비전은 허망한 꿈으로 남았습니다.

'재무' 비전은 더욱 참혹했습니다. 가격 상승으로 승승장구하던 부동산 시장 분위기가 IMF 사태로 급속히 냉각되며 부동산 가격이 폭락하는 가운데 설상가상으로 금리마저 폭등했습니다. 대출금리는 9%대에서 거의 30%로 수직 상승했고 집값의 상당 부분을 대출받은 필자는 직격탄을 맞았습니다. 끝이 없는 나락으로 떨어지는 국가의 경제 상황처럼 필자의 재무 비전도 끝이 보이지 않는 암흑 속으로 빠져들었습니다. 결국 대출 이자를 감당 못해 아파트를 팔아야 했는데, 그동안 지불한 이자를 계산하면 전혀 차익을 챙기지 못한 매매였습니다.

그나마 '개인 역량' 비전은 매일 아침 영어회화 강좌를 계속 수강한 덕분에 목표를 상회하는 성과를 거둘 수 있었습니다.

'가족' 비전도 달성할 수 있었습니다. 아내는 작가 교육원을 무사히 졸업하고 작가 등단을 위한 집필 활동을 계속해 나갔습니다.

이러한 2차 커리어 비전의 결과는 커리어 비전에 대한 근본적 의문을 남기기에 충분했습니다. '비전을 세우면 뭐 하나, 5년이란 기간에 무슨 일이 일어날 줄 어떻게 알고….'

2차 커리어 비전 마지막 해인 1999년 겨울에는 세기말의 분위기 만큼이나 필자의 심정도 암울했습니다. 어느 새벽, 매서운 빌딩골 바람이 몰아치는 여의도의 한 포장마차에서 필자는 처음으로 혼술을 했습니다. 새천년이 온다는데 아무런 희망이 없었습니다. 마치 혼자서 IMF의 풍랑을 짊어진 것처럼 너덜너덜해진 2차 커리어 비전은 쓴 소주의 안줏거리도 안 될 만큼 씁쓸하기만 했습니다. 비전을 세우면 이뤄진다는 신념은 온데간데없어지고 희망은 차디찬 겨울바람을 따라 빌딩숲을 빠져나가 버렸습니다.

반도 비우지 못한 소주병을 앞에 두고 멍하니 생각에 잠겼습니다. '왜 이 지경에 이르렀나. IMF는 왜 나에게 이런 시련을 주는가. 하나님도 무심하시지, 이렇게 비전을 세우고 노력하는 사람을 돕지 않고 뭐 하시나.' 원망에 원망이 더해졌습니다. 패잔병이 되어 집으로 돌아가 가족을 대할 면목이 없었습니다.

그런데 포장마차가 문을 닫을 무렵, 절망의 끝에서 한 가지 생각이 떠올랐습니다. 모든 비전을 다 망친 것은 아니라는 사실입니다. 해외 영업을 경험한다는 목표는 물 건너갔지만 차장이라는 목표는 달성했음을 깨달았습니다. 실은 인사 제도가 변경되면서 필자가 속한 과장 연차까지 차장이라는 호칭을 쓰게 된 것이었습니다.

'커리어 비전을 세우니 제도까지 변경되며 돕는구나. 목표가 있는 사람에게는 주위 환경이 돕는 것이 아닐까.'

지나친 비약 혹은 커리어 비전에 대한 맹신이라고 비판할지도 모르겠습니다. 하지만 '하늘은 스스로 돕는 자를 돕는다'라고 하지 않나요. 다시 한번 희망을 걸어 보자는 마음이 생겨났습니다.

그렇게 실낱같은 희망에 의지한 채 2차 커리어 비전이 끝나고 새로운 밀레니엄이 시작된 직후, 이번에는 진짜 기적 같은 일이 일어났습니다. 책의 서두에서 언급한 MBA의 최종 합격자가 된 것입니다.

당시에는 영업본부에서 단 1명이 파견 대상자가 될 수 있었습니다. 최종 3명의 후보자가 경쟁했고 토익 성적과 근무 평점(고과)이 평가 기준이었습니다. 후보 모두 근무 평점은 좋았기에 실질적으로는 토익 성적이 당락을 좌우하는 상황이었는데, 경쟁자들도 비슷한 점수였던 걸로 기억합니다.

그러다 심사가 진행되는 도중에 독일에서 법인장을 지낸 새로운 본부장이 취임했습니다. 그는 갑자기 최종 대상자 인터뷰를 직접 영어로 진행하겠다고 선언했습니다. 해외 법인에서 근무해 보니 토익 성적만으로 뽑힌 주재원은 영어회화가 서툴다는 이유였습니다.

필자에겐 더없이 좋은 변화였습니다. 해외 영업을 경험하겠다는 비전 달성을 위해 몇 년간 새벽마다 영어회화 강좌를 수강해 왔으니까요. 반면 경쟁자들은 토익 점수는 높았으나 영어회화까지는 준비하지 못한 상황이었습니다.

인터뷰 결과는 어땠을까요. 당연히 필자가 최고점을 받아 MBA 대상자로 선정됐습니다. 그 길로 미국 대학 입학 허가를 위한 토플 공부를 시작했고, 수개월의 주경야독 끝에 워싱턴주립대로 유학 갈 수 있었습니다.

MBA는 '재무' 비전도 해결해 주었습니다. 회사가 미국 집의 렌트 비용을 지원해 준 덕분에 적어도 1년간은 집 걱정을 덜 수 있었습니다.

그러면 IMF 사태로 인해 팔아 버린 집은 어떻게 되었을까요. 외환위기가 일단락되고 경기가 회복되자 예상보다 훨씬 빠르게 재건축이 진행됐고, 몇 년 후 15평짜리 주공아파트는 시가 10억 원이 넘는 33평짜리 일류 브랜드 아파트로 탈바꿈했습니다.

절호의 기회를 놓쳐 버린 마음은 쓰렸지만, 동시에 이 뼈아픈 실패를 반추하지 않으면 앞으로의 재무 비전에도 문제가 생길 거란 생각이 들었습니다. '내가 실패한 진짜 이유는 무엇인가. IMF는 정말 천재지변이었을까. 왜 나는 기회를 잡지 못한 걸까.'

꽤 오랜 기간 그 원인을 찾기 위해 고민했습니다. 그렇게 해서 필자는 '10억짜리 레슨'이라고 부르는, 재무 비전과 관련해 일생을 관통하는 교훈을 얻었습니다.

첫 번째 교훈은 초심을 잃지 말아야 한다는 것입니다. 돌아보면 재무 비전 실패의 근본 원인은 IMF 사태 때문이 아니었습니다. 재건축 이전에 아파트를 매각해 재산을 증식하고, 그 금액에 맞는 다른 아파트에 입주하겠다는 원래의 비전을 망각한 것이 문제였습니다. 재건축이 되면 훨씬 높은 금액으로 팔 수 있을 거란 생각에 망설이다 적절한 매각 시기를 놓쳐 버린 것입니다. 이후 필자는 모든 투자에서 '초심(목표 수익률)을 잃지 말라'라는 원칙을 반드시 지키고 있습니다.

또 다른 깨달음은 필자의 선택이 틀리지 않았다는 것입니다. 5년 가까이 매일 경제신문을 보며 투자 목적으로 고른 아파트의 입지와 재건축 예측 모두 적중했습니다.

비록 그 결실을 누리진 못했지만 부동산 투자에 대한 안목만큼은 증명이 된 셈입니다. 이러한 자신감은 귀국 후 수익형 부동산으로 재기하는 계기가 됐습니다.

3차 커리어 비전

비전 수립: 커리어 피보팅

MBA 유학은 필자의 커리어에서 하나의 분수령이 됐습니다. 미국에서 돌아온 직후 본사 HR 부문에서 팀장으로 이른바 스카우트 제안이 온 것입니다. 그 제안에는 국내영업본부에서 인사팀장을 할 당시 본사와 교류한 것도 작용했지만, MBA 대상자가 되면서 본사에 이름이 알려진 것도 한몫했습니다.

미국에서 돌아와 영업본부로 복귀했을 때는 영업혁신지원팀장으로서 '유통 마케팅의 전문성을 가진 유통기획실장 또는 영업지

◉ **3차 커리어 비전**

항목	5년 후 장래상	실행 방안
스킬/포지션 비전	• 채용에 핵심 경쟁력을 가진 HR담당(비임원)	• 채용팀장에서 인사기획팀장 이동
개인 역량 비전	• 1년에 52권 독서	• 매월 4~5권 책 사기
가족 비전	• Wife의 시나리오 영화화 지원 • 딸의 예술계 진로 확정	• Wife의 영화계 네트워크 활동 지원 • 딸의 적성 파악 및 진로 지원
재무 비전	• 수익형 부동산 1건 매입	• 임장 및 자금 조달 계획 수립

사장'이라는 새로운 커리어 비전을 설정해 둔 터였습니다. 동시에 MBA를 거치면서 형성한 네트워크를 통해 영업본부를 떠나 해외 근무를 하고 싶다는 바람도 내비치며 기회를 찾던 중이었습니다.

그러한 비전과 달리 결과적으로는 본사 HR 부서 팀장으로 이동했고, 영업본부가 아닌 HR 부문에서 직장생활의 2막을 시작했습니다. 위의 표는 기존에 영업본부에서 세운 3차 커리어 비전을 커리어 피보팅으로 이동한 HR 쪽에 맞게 새로 만든 것입니다.

영업본부에서 짧은 기간 인사 업무를 경험하긴 했지만, 본격적으로 HR 부문에 투입되자 막막한 벽 앞에 선 기분이었습니다. 새로운 분야에서의 생존과 성장 가능성을 바닥에서부터 짚어 봐야 했기 때문입니다.

일단 '스킬/포지션' 비전은 '채용에 핵심 경쟁력을 가진 HR담당(비임원)'으로 설정했습니다. 여기서 HR담당(비임원)은 임원 역할을 하지만 직위는 임원이 아닌 자리를 말합니다. 아직은 임원 승진까지 힘들다는 판단이었고, 당시로서는 HR담당만 해도 만만치 않은 도전적 포지션이었습니다. 다른 HR 부문 멤버가 알았다면 코웃음 칠 만큼의 높은 수준이었습니다. 인사기획팀장이나 글로벌 HR팀장을 기치지 않고 그 자리에 간 사람은 없었기 때문입니다.

그러나 필자는 이미 수많은 난관을 넘으며 커리어 비전을 실현해 온 성공 체험을 가진 사람이었습니다. 무엇보다 과감한 목표 수준을 가진 비전이 오히려 실현 확률이 높다는 것을 알고 있었습니다. 높은 성취도를 가진 사람에게는 도전적인 이정표가 원동력이 된다는 것을 믿었습니다.

'개인 역량' 비전은 1년 52권 읽기를 정착하는 것으로 정했습니다. HR로 커리어를 전환한 이상 별도의 역량 비전을 만들기보다 HR 업무에 집중해 성과를 내는 것이 중요하다는 생각이었습니다.

'가족' 비전은 아내의 시나리오 영화화를 지원하는 것이었습니다. 놀랍게도 아내가 작가 교육 이수 후 얼마 되지 않아 시나리오 공모전에 당선돼 작가로 이미 등단한 상황이었기에, 다음 스텝으로 시나리오의 영화화를 지원한다는 비전을 수립했습니다.

또한 딸의 학업 진로를 예술계 쪽으로 확정하는 것을 비전에 넣었습니다. 초등학교와 중학교 적성검사에서 모두 예체능 재능이 높았고, 본인도 예술계를 희망해 고등학교 진학 방향을 결정했습니다.

'재무' 비전은 급여를 최대한 활용해서 이른바 자본소득을 만드는 재테크를 다시 시작하기로 했습니다. 당시는 주택 대신 상가나 오피스텔 같은 수익형 부동산이 유망하다는 전망이 쏟아져 나오고 있었기에 직장을 다니면서도 비교적 소액을 투자해 관리할 수 있는 오피스텔 1채로 재산 증식과 현금 흐름을 만들겠다는 비전을 수립했습니다.

실행 결과: 성공의 포뮬러

'스킬/포지션' 비전의 경우 목표는 원대했지만 비전 실행을 시작할 때의 현실은 더없이 미약했습니다. 당시 필자가 담당하게 된 채용 직무는 HR 부문 내에서도 각광받지 못했고, 신입사원이 행정 업무를 배우는 직무 정도로 인식되고 있었습니다. 비교적 수준 높은 채용 업무라고 해도 우수 인재를 확보하기 위해 대학과 네트워크를 형성해 관리하거나 산학 장학 제도, 병역특례, 산학 협력 프로젝트 정도를 다루는 것이 전부였습니다.

게다가 경쟁사는 이미 1990년대 초부터 공채 시스템에 핵심 인재 확보 프로그램을 접목하고, IT 시스템을 활용한 입사 전형, 지역 전문가를 통한 해외 주재원 육성, 해외 스타급 인재 확보를 위한 채용 주재원 운영 등을 실시하고 있어 따라갈 수 없을 만큼 앞서가는 상황이었습니다.

그러나 위기는 기회라는 생각은 커리어 비전이 저에게 준 통찰이었습니다. 뒤떨어진 만큼 빨리 캐치업하면 오히려 성과가 부각될 것이고, 역량이 확보되면 더 크게 성장할 기회도 충분할 것이라 생각했습니다. 그런 생각이 동력으로 작동하자 채용 전문가라는 커리어 비전은 바람에 돛을 달았습니다.

우선 '채용은 회사를 파는 마케팅이다'라는 모토를 만들고, 상품을 파는 것처럼 고객인 지원자들에게 회사를 파는 마케팅, 즉 채용 프로세스 혁신 활동을 시작했습니다. '유통 마케팅 전문가'라는 기존의 핵심 경쟁력을 활용해, 다른 사람은 할 수 없는 차별성을 만들려 노력했습니다.

또한 일 잘하는 방법 중 하나인 50:50 전략, 즉 벤치마킹 대상의 시스템을 50% 모방하고 나머지 50%는 가지고 있는 장점을 살려 반영하는 전략을 통해 매우 빠르게 경쟁사를 캐치업할 수 있었습니다. 이를 수행할 실무자들이 기획력을 발휘할 수 있도록 교육도 진행하면서 업무 역량을 높였습니다. 이런 2년여의 집중적인 노력 끝에 채용팀은 전과는 다른 전문성을 가진 조직으로 변모했습니다.

결과는 인정과 승진으로 보답받았습니다. 필자는 2년 만에 차별적인 채용 역량을 인정받아 그룹 인사를 총괄하는 지주회사 인사팀(부장)으로 이동했습니다. 그룹 차원에서 그동안 채용의 중요성을 과소평가했다는 반성과 함께 채용 전문가를 그룹에 포진시키는 의사결정을 했고, 그 자리에 필자가 가게 된 것입니다.

뿐만 아니라 그룹 차원의 업무를 수행한 지 2년 후에는 인사담당임원이 공석이 된 LG생활건강의 HR담당(비임원)으로 승진 이동했습니다. 마침내 '스킬/포지션' 비전을 달성한 것입니다.

더 놀라운 사실은 그로부터 1년 만에 (3차 커리어 비전 마지막 해에) 임원으로 승진한 것입니다. 그것도 일반적으로 평균 22년이 걸리는 임원 승진 연한을 4년이나 앞당겨 18년 만에 임원이 됐습니다.

물론 일차적으로 이 결과는 필자의 노력을 눈여겨보고 인정해

준 상사들 덕분이었습니다. 하지만 목표 이상의 탁월한 결과를 만든 것은 커리어 비전의 힘이었다고 확신합니다. '채용에 핵심 경쟁력을 가진 HR담당'이라는 비전을 수립하고 달성을 위해 노력하지 않았다면 역량에 대한 인정이나 평판은 불가능했을 것이기 때문입니다.

한편 '개인 역량' 비전은 '1년에 52권 읽기'라는, 지금도 하고 있는 필자만의 독서법으로 발전했습니다. 경영은 물론 자기계발, 재테크, 인문, 예술까지 분야를 망라한 독서를 통해 업무에 활용할 수 있는 아이디어의 원천을 만들었습니다. 그동안 자투리 시간을 활용해 책을 읽던 방법을 정리해 '자투리 독서법'으로 명명하고 프레젠테이션으로 만들어서 직원들과 공유하기도 했습니다. (자투리 독서법에 대해서는 이 책의 '부록'에 자세히 설명해 놓았습니다.)

'가족' 비전에서는 아내가 글 쓰는 데 전념할 수 있도록 가사노동의 짐을 가볍게 하는 동시에 관련 네트워크를 넓힐 수 있도록 물심양면 지원했습니다. 마침 경제활동을 중단하게 된 모친이 합가해 가사와 육아를 도와준 덕분에 아내는 시나리오의 영화화라는 비전을 실현했고 가족 모두가 함께 기쁨을 누렸습니다. 딸 역시 비전대로 예술계(패션스쿨)에 진학했습니다.

'재무' 비전은 좋은 입지의 오피스텔을 책과 신문 등을 통해 발굴한 후, 부동산 투자의 기본은 발품을 파는 것이라는 격언을 충실히 따르며 실제 임장을 통해 검증하는 노력을 기울였습니다. 그 결과 수익형 부동산(오피스텔)을 소유할 수 있었습니다.

되돌아보면 필자의 커리어 비전은 3차에 와서 비로소 안정적인 실행력을 가질 수 있었습니다. 커리어 비전을 설정하고 시행착오를 최소화하는 과정이 원활해지면서 비전 실행 아이디어를 찾고 기회를 활용하는 스킬도 늘었습니다. 마케팅에서 HR로 진로가 크게 변경됐지만, 오히려 새로운 커리어 비전을 만들면서 변화에 대한 대응력도 키웠습니다.

'성공의 포뮬러(Formula)'도 확인할 수 있었습니다. 이는 복잡계 이론 학자인 앨버트 라슬로 바라바시가 이야기한 것으로, 과거의 성공과 새로운 업무의 적합성이 결합되면 미래의 성공으로 이어진다는 공식입니다. 즉 유통 마케팅에서의 성공 체험과 HR에서의 새로운 시도가 시너지를 창출해 차별적인 역량으로 발전하며 계속 성공을 낳는 결과를 경험할 수 있었습니다.

이 3차 커리어 비전이 달성된 후 임원 생활을 하는 동안에도 필자는 매 5년마다 커리어 비전을 수립하고 실행했습니다. 7번(실제로는 총 9번이나 2번은 커리어 피보팅 등으로 제외)에 걸친 커리어 비전을 운영하면서 직장인으로서 큰 영광을 누렸습니다. 그때마다 커리어 비전은 이론에 그치지 않고 실제 수많은 성공 체험으로 연결됐습니다.

여기까지 필자가 실행해 온 커리어 비전을 기술해 보았습니다. 가족 비전 등 개인적인 내용이 많음에도 불구하고 진솔하게 공유한 것은 '커리어 비전은 실현 가능한 방법론'임을 설명하고 싶었기 때문입니다.

다만 앞서도 강조했지만, 책에 나오는 필자의 커리어 비전은 참조용일 뿐 여러분의 것이 될 수 없습니다. 여러분은 모두 훌륭한 자질과 소양을 갖추고 있습니다. 따라서 자신에 맞는 커리어 비전을 만들어 운영한다면 반드시 성공하는 직장생활을 할 수 있을 것이라 믿습니다.

챕터 IV 요약

커리어 비전의 실제:
신입사원의 고민부터 성공의 포뮬러까지

비전에 관한 많은 책들의 공통점은 이론적이라는 것입니다. 저자의 경험을 일부 담은 책도 있지만 전체적인 실행 경험을 정리한 책은 보기 힘듭니다. 반면 필자는 35년의 직장생활 동안 커리어 비전을 설정하고 실제 실행한 결과를 구체적으로 서술했습니다. 이 책의 차별점입니다.

35년간 총 7차에 걸친 커리어 비전을 실행했지만, 타깃 독자의 연령을 고려해 초기 3차까지만 정리했습니다. 스킬/포지션, 개인 역량, 가족, 재무 비전으로 구성한 필자의 커리어 비전을 실제 표로서 제시하고, 그것이 수립된 배경과 실행 과정 그리고 결과에 대한 리뷰를 통해 커리어 비전에 얽힌 스토리를 가급적 상세하게 밝혔습니다.

필자가 수립한 비전은 좌절이나 우여곡절을 겪기도 했지만 대부분 달성했습니다. 뼈저린 실패로부터의 학습과 생각지 않았던 기회가 반전의 순간을 만들었습니다. 그 과정에서 행운도 따랐습니다.

그러나 이 행운은 우연이 아닌 필연이었습니다. 커리어 비전을 절실하게 바라고 실천해 온 필자에게 주어진 당연한 결과였습니다.

커리어 비전의 비밀이 여기에 있습니다. 실행하지 않는 비전은 행운을 부를 수 없습니다. 이론이나 구호로 만들어지는 인생은 없습니다. 자신의 커리어 비전을 스스로 수립하고 성공과 실패를 경험해 봐야 행운도 찾아오고 자신만의 스토리를 만들 수 있습니다.

V

커리어 비전이
성공할 수밖에 없는 이유

비즈니스 세계에서는 일반적으로

"비전보다 실행이 더 중요하다"라고 말한다. (중략)

이는 결국 목표를 설정하는 것보다

실행하는 것이 더 중요하다는 뜻이다.

물론 실행이 중요하기는 하지만, 이러한 주장은

절대로 중요한 사실 하나를 놓치고 있다.

목표가 강력하면, 실행은 저절로 된다는 것이다.

– 마크 머피 『하드골』 –

성장 마인드셋으로 작동한다

스탠퍼드대의 심리학 교수 캐롤 드웩은 저서『마인드셋』에서 성장 마인드셋이 인생을 성공으로 이끄는 이유를 설명합니다. 먼저 어떤 관점을 선택하느냐가 살아가는 방식에 지대한 영향을 미칩니다. 자질과 재능은 출발점에 불과하고 일관성 있는 노력이나 전략 그리고 타인의 도움이 성공을 이끌어 냅니다.

또한 성장 마인드셋 소유자는 단지 도전을 추구하는 데 그치지 않고 도전을 통해 성장하는 모습을 보입니다. 그래서 도전이 거세고 어려운 것일수록 더 많이 성장할 수 있습니다. 뿐만 아니라 능력보다 배움을 중시하고, 그렇기에 실패에서 배움을 얻는 것이 중요하다는 실패의 진정한 의미를 발견합니다. 커리어 비전은 이러한 성장 마인드셋으로서 작동합니다. 또한 구체적으로 실행할 수 있기에 성공 확률이 높습니다.

수많은 성공학 책에서 '목표는 크게, 실행은 작게'라고 강조합니다. 그런데 필자는 커리어 비전을 세우고 나면 별도의 실행 계획표를 만들지 않았습니다. 결과 중심의 큰 비전을 제시할 뿐, 그 과정에 대한 일정 계획이나 세부 목표를 수립하지 않았습니다. 세부 목표가 '하위 프레임'으로 세팅되면 절차를 고려하게 되고, 그 절차 중 하나라도 좌절되면 전체 비전의 진척이 늦춰지거나 아예 포기하는 현상이 발생하기 때문입니다.

비전을 세운 다음 필자가 하는 일이라고는 매일 커리어 비전을 써놓은 종이를 꺼내 읽으며 '5년 후에는 반드시 이런 모습이 될 거야'라는 절실한 각오를 다지는 것이 전부였습니다. 이것만으로도 신기하게 비전 달성의 가능성은 높아졌습니다.

이렇게 세부 과정에 대한 체계적인 고민 없이도 비전이 달성되는 현상을 경험하면서, 그것이 '비전 설정의 비밀'이라는 생각을 하게 되었습니다. 즉 '내가 마음속으로 강하게 믿고 상상하는 것이 실제 내 삶에 현실로 나타난다'라는 것입니다.

미래의 내가 가깝게 느껴진다

최근 '미래 자아(Future Self)'에 대한 연구가 활발하게 진행되고 있습니다. 해당 연구를 접하면서 비과학적으로 보이는 비전 설정의 비밀에 실은 엄청난 과학적 근거가 있음을 알게 됐습니다.

예를 들어 "미래의 자신을 가깝게 느끼는 자아연속성(Self-continuity)이 높을수록 당장 눈앞의 만족감보다는 장기적으로 더 큰 보상을 받는 선택을 한다는 사실"을 밝혀낸 UCLA 앤더슨 경영대학원의 심리학 교수인 할 허시필드의 연구가 있습니다. 그는 저서 『미래의 나를 만난 후 오늘이 달라졌다』에서 자신의 현재 모습을 토대로 나이 든 후의 모습을 시각화한 이미지를 보여 주는 실험의 결과를 소개하며, 노후의 자신을 본 사람들이 보지 못한 사람들보다 더 바람직한 행동을 선택했음을 확인했습니다.

또한 "현재와 미래의 자아가 비슷하다고 생각할수록 저축을 더 많이 하고 운동을 자주 하며 도덕적으로 바르게 살려는 의지가 커진다는 것은 이미 아는 사실"이고 "그런 행동이 수년간 이어지면 삶에 대한 만족감도 더 높아질 터"라고 말했습니다.

커리어 비전은 마치 '5년 후 나의 모습'을 시각화해 보여 주는 효과를 발휘합니다. 예측 사고와 역예측 사고를 통해 현재와 미래의 내 모습을 견주어 보면서 미래 자아와 나를 일치시키기 위한 노력을 경주합니다.

즉 커리어 비전은 5년 후의 미래 자아와 공감하는 능력을 높여서 미래에 행복해지기 위해 더 현명한 선택과 의사결정을 할 수 있도록 인도합니다. 매일매일 미래의 자아를 생생하게 떠올리면 현재와 미래 사이에 존재하는 거리가 좁혀지고, 그 거리가 가까울수록 행동 변화의 가능성이 높아지면서 비전이 달성될 가능성이 높아지는 것입니다.

중요한 일에 중요한 만큼의 시간을 투자한다

세부적인 계획을 세우지 않고도 커리어 비전이 달성되는 방향으로 가게 되는 또 하나의 이유는 무의식 중에 일상의 우선순위가 정해지기 때문입니다. 비전이 절실할수록 하루의 대부분을 비전과 관련된 일로 채워 나가게 됩니다. 당연히 업무 시간을 효율적으로 보내는 방법을 찾게 되고 틈날 때마다 비전과 관련된 일을 고민하게 됩니다. 반대로 비전과 관련되지 않은 일에 시간을 뺏기는 경우는 줄어들게 됩니다.

와튼스쿨 교수 스튜어트 D. 프리드먼은 저서 『와튼스쿨 인생특강』에서 인생의 성공 원칙을 4가지 영역으로 구분해 정리하고,

◉ 비전과 시간 투자[19)]

영역	중요도	시간/에너지 투입 비율
일, 경력	%	%
집, 가정	%	%
공동체, 사회	%	%
자신(마음, 신체, 휴식)	%	%
계	100%	100%

중요도에 따라 얼마만큼의 시간과 자원을 투자할지를 계획해야 한다고 강조했습니다. 그런데 그가 구분한 인생의 영역을 보고 필자는 깜짝 놀랐습니다.

'일/경력, 자신(마음, 신체, 휴식), 가정, 공동체'라는 4가지 영역이 필자가 커리어 비전에서 구분한 '스킬/포지션, 개인 역량, 가족, 재무'라는 4가지 비전과 매우 흡사했기 때문입니다. 행여 필자가 그 책을 참고해 커리어 비전 개념을 주창한 것이라 오해할까 걱정될 정도였습니다.

---

19) 스튜어트 D. 프리드먼, 『와튼스쿨 인생 특강』, 비즈니스북스, 2013, 필자 일부 수정

한편 프리드먼은 여기에 더해 자신의 가치관에 맞게 중요성을 평가하고, 거기에 맞게 시간과 자원의 투자를 결정해야 한다고 제언했습니다. 중요하게 느끼는 비중만큼의 시간과 자원을 투자하라는 것입니다. 그리고 그 투자 비중만큼 원을 그려 보고 자신이 어디에 얼마만큼의 에너지를 투자하고 있는지 파악해야 한다고 강조했습니다.

이러한 그의 주장은 필자가 LG생활건강에 있을 때 CEO와 나눈 대화를 기억나게 했습니다. 어떤 사람을 사업부장에 앉힐 것인지, 일 잘하는 사업부장은 뭘 보고 판단해야 하는지에 대해 논의하는 자리였습니다. CEO의 대답은 간단명료했습니다. "그 사람이 어떻게 시간을 쓰는지를 보면 됩니다." 즉 일 잘하는 사업부장은 사업을 잘하기 위해 중요하다고 생각하는 과제에 그만큼의 시간을 투자한다는 것입니다.

CEO는 생각보다 많은 사람이 중요한 일은 실제 하지 않으면서 하는 것처럼 보이게 하거나, 중요한 일인지 아닌지에 상관없이 시간을 투자하면서 열심히 하는 모습 자체에만 의미를 둔다고 지적했습니다. 그런 차원에서 사업부장이라면 사업을 문제없이 관리하는 일보다 사업을 성장시키는 일에 시간을 더 투자하고 있는지 들여다봐야 한다고 강조했습니다.

일을 잘한다는 것은 성과를 내는 것이고, 성과를 낸다는 것은 그만큼 그 일에 시간과 자원을 집중 투자했다는 얘기입니다. 시간과 자원을 투자하지 않는데 잘되는 일은 일시적 행운일 뿐 지속가능한 성과 창출과는 거리가 멉니다.

커리어 비전을 절실히 생각하고 있다면 커리어 비전 달성에 시간과 자원을 투자해야 합니다. 『성공하는 사람들의 7가지 습관』을 쓴 스티븐 코비 또한 "중요한 일을 먼저 하라"라며 일의 중요도에 따른 시간 계획과 방해 요소 제거의 필요성을 강조한 바 있습니다.

다섯 가지 행동의 복리 효과를 누린다

커리어 비전이 성공할 수밖에 없는 이유로 '복리 효과(Compound Effect)'를 빼놓을 수 없습니다. 복리 효과는 미국의 동기부여 컨설턴트 대런 하디가 저서 『인생도 복리가 됩니다』에서 소개한 개념으로 '작지만 현명한 일련의 선택들이 엄청난 보상을 낳는 원리'를 뜻합니다.

커리어 비전을 절실하게 꿈꾸면 비전이 성취되는 쪽으로 행동이 변하게 됩니다. 사소하고 중요해 보이지 않는 행동도 시간이 흐르며 쌓이게 되면 엄청난 차이를 만듭니다. 즉 복리 효과는 5년 동안 매일 비전을 생각하는 사람과 그렇지 않은 사람과의 차이 그리고 다양한 방법으로 비전 달성을 시도한 사람과 그렇지 않은 사람의 차이를 설명할 수 있는 개념입니다.

이는 선택의 차이나 이점이 누적되는 효과를 누릴 수 있다는 점에서 성공의 확률을 높입니다. 실제로 커리어 비전을 절실하게 꿈꾸면 행동의 복리 효과와 관련된 다음과 같은 일들이 일상에서 나타나는 것을 경험할 수 있습니다.

첫째, 하루의 모든 시간이 비전과 연계됩니다.

하루 24시간은 조물주가 모든 사람에게 공평하게 나눠 준 선물입니다. 커리어 비전을 절실하게 꿈꾸면 이 똑같은 시간을 더 효율적이고 효과적으로 사용해 성공적인 인생을 살 수 있게 됩니다. 인생에서 중요하다고 판단한 일 중 5년 안에 해야 할 일의 우선순위가 정해지기 때문입니다. 즉 우선순위에서 밀린 일에는 시간을 쓰는 것이 아까워지고 가치 있는 일에 시간을 집중하게 됩니다.

그런데 일의 우선순위에 대해 많은 사람들이 착각하는 것이 있습니다. 스티븐 코비가 제시한 '긴급성 중독'이 대표적 현상입니다. 그는 이를 확인하기 위해 오른쪽 그림과 같이 현재 하고 있는 일을 '긴급성'과 '중요성', 두 가지에 따라 2×2 매트릭스로 제시했습니다.

우리가 시간에 쫓기고 바쁜 이유는 바로 좌측 상단(I)과 좌측

◉ **스티븐 코비의 시간 관리 매트릭스**[20]

	긴급함	긴급하지 않음
중요함	**Ⅰ** - 위기 - 급박한 문제 - 기간이 정해진 프로젝트	**Ⅱ** - 예방, 생산능력 활동 - 인간관계 구축 - 새로운 기회 발굴 - 중장기 계획, 오락
중요하지 않음	**Ⅲ** - 업무 흐름을 방해하는 사소한 일 - 일부 전화, 우편물, 보고서 - 일부 회의 - 눈앞의 급박한 상황 - 인기 있는 활동	**Ⅳ** - 바쁘기만 한 일, 하찮은 일 - 일부 전화, 우편물 - 시간 낭비 거리 - 즐거운 활동

긴급성 중독

하단(Ⅲ)에 있는 일들 때문입니다. 공통적으로 긴급한 일입니다.

긴급하면서도 중요한 일(Ⅰ)은 당연히 긴급하게 그리고 시간과

20) 스티븐 코비, 『성공하는 사람들의 7가지 습관』, 김영사, 1994, 필자 일부 수정

자원을 집중해서 해결해야 합니다. 문제는 긴급한데 중요하진 않은 일(Ⅲ)입니다.

우리의 일과는 중요하지는 않으나 긴급하게 처리해야 할 일들에 너무 많은 시간을 투입하고 있습니다. 스티븐 코비는 이러한 현상을 '긴급성 중독'이라고 표현합니다. 급한 일에 매몰되어 있다는 뜻입니다.

사실 이 매트릭스에서 가장 주목할 것은 긴급하지는 않지만 중요한 우측 상단(Ⅱ)에 있는 일입니다. 이는 커리어 비전에서 5년 후 미래상을 만들기 위해 해야 할 일과 거의 일치합니다. 스티븐 코비는 이 일들에 대해, 효과적인 자기 관리를 통해 규칙적으로 행할 경우 삶에 좋은 결과를 가져다주며 문제를 감소시키고 기회를 증가시킨다고 말합니다.

'비전과 연계되지 않는 모든 바쁨은 게으름이다'라는 말이 있습니다. 바쁘기만 하고 정작 중요한 일을 못하고 있는 이유를 정확하게 짚어 내는 말입니다.

반대로 일의 우선순위를 바꿔 비전과 연계된 중요한 일을 먼저 하는 노력을 기울인다면 어떻게 될까요. 지금 하는 일이 곧 커리어 비전에 집중되면서 커리어 비전이 달성될 수밖에 없는 구조로 하루 일과가 연계될 것입니다. 커리어 비전은 계획표 없이도 중요한 일에 시간과 자원을 집중하는 생활 습관을 만들어 줍니다.

둘째, 자투리 시간도 허투루 쓰지 않게 됩니다.

회사에서 사람들은 하나같이 바쁘다고 말합니다. 그런데 정말 여유 시간이 전혀 없는 걸까요. 그렇지 않습니다. 독서 시간을 예로 들어 보겠습니다.

직장인들은 시간이 없어서 책을 읽지 못한다고 말합니다. 언뜻 책 읽을 시간이 없어 보이긴 합니다. 아침 일찍 출근해서 저녁까지 일하다가 집에 돌아가면 가족과 소통도 해야 하고 개인적인 일들도 처리해야 하니까요. 그런데 어떤 사람은 같은 일을 하고 가정 사정도 비슷한데 책을 읽고 있습니다. 그 사람은 책 읽을 시간을 어떻게 만들까요.

이 질문 속에 함정이 있습니다. 책 읽을 시간이 없는 이유는 책 읽을 시간을 따로 '만들어야' 한다고 생각하기 때문입니다. 즉 책 읽을 시간이 없다고 말하는 이유는 일을 하는 사이사이에 끼어 있는 자투리 시간을 간과하기 때문입니다. 자투리 시간은 출퇴근 시간, 출근 후 업무 시작 전까지의 시간, 회의 대기 시간, 약속 장소에서 고객을 기다리는 시간, 출장을 위해 기차나 비행기를 타고 있는 시간 같은 것입니다.

물론 직장인에게는 휴일 새벽이나 연휴 기간 등 비교적 여유 있는 시간도 주어지지만, 그 시간만으로 1년에 수십 권의 책을 읽기는 어렵습니다. 결국 평소에 읽을 책을 갖고 있다가 시간이 나는 대로, 특히 자투리 시간에 책을 읽지 않으면, 책 읽을 시간이 없다는 푸념에서 벗어날 수 없습니다.

필자는 자투리 시간에 책을 읽는 법, 즉 '자투리 독서법'을 개발해서 책을 읽고 있습니다. 이동할 때 들고 다니는 가방에는 항상 책 한두 권이 들어 있습니다. 주변에서는 왜 무겁게 책을 가지고 다니느냐고 말하기도 합니다. 하지만 언제 책 읽을 시간이 날지 모르니 항상 가지고 다닐 수밖에 없습니다.

사실 바쁜 직장인도 일과 시간을 잘 뜯어보면 자투리 시간이 적지 않습니다. 틈틈이 단 몇 장이라도 읽을 수 있는 시간이 분명 있습니다. 그때 읽기 위해 가지고 다니던 책을 꺼내 읽으면 됩니다.

셋째, 가는 곳마다 관심이 비전과 연계됩니다.

커리어 비전을 절실히 꿈꾸면 가는 곳마다 목표와 연계된 사건이나 사물이 눈에 띄게 마련입니다. 내 집 마련이 재무 비전이던 신입사원 시절부터 필자는 약속 장소에 먼저 도착하게 되면 근처 부동산에 들르는 것이 습관이었습니다. 그 지역의 아파트나 주택의 가격을 물어보고 상승 추세인지를 확인하고는 부동산 명함을 받아오곤 했습니다.

만약 커리어 비전이 스마트팩토리 분야와 관련 있다면, 언론 기사, 사내 게시물, 공지 등을 볼 때 신기하게도 스마트팩토리라는 용어가 눈에 들어오게 됩니다. 이처럼 커리어 비전이 절실하면 언제 어디서나 관심이 비전과 연결됩니다. 사람들과의 대화 속에서도 비전과 관련된 얘기가 있으면 귀를 귀울이게 되고 그러다 질문도 하게 됩니다.

결국 커리어 비전이 명확하면 가는 곳마다 관심이 비전과 연계됩니다. 그런 현상이 5년 동안 계속되고, 비전에 관한 실질적인 지식과 정보로서 머릿속에 쌓이면 점점 비전에 가까워지게 됩니다.

넷째, 주위 사람들이 도와줍니다.

주위를 둘러보면 생각보다 다양한 사람들이 각각 다양한 정보를 갖고 있습니다. 그들의 머릿속에는 비슷한 고민들이 있고 이를 해결하기 위해 각자 노력하고 있습니다. 적극적인 질문을 통해 그들의 정보와 지식을 습득해서 커리어 비전 달성에 활용할 줄 알아야 합니다.

특히 이야기하기를 좋아하는 사람이라면 잘 들어 주기만 해도 노하우까지 기꺼이 공유해 줍니다. 성공 체험은 물론이고 실수나 실패 사례조차 서슴없이 대화의 자리에 내놓습니다. 같은 직무에 있는 사람이라면 더욱 비슷한 고민을 할 테고 그런 이야기를 잘 경청만 해도 많은 것을 배울 수 있습니다.

필자의 경우 막역한 사이의 선배나 동료가 자진해서 제공해 준 유용한 정보나 자료 덕분에 고민을 해결한 경험이 많습니다. 비전이 절실하면 이처럼 주위 사람들이 도와줍니다. 혼자서 하는 것보다 주변이 돕게 만드는 것이 성공의 확률을 높입니다.

앨버트 라슬로 바라바시는 저서 『성공의 공식 포뮬러』에서 성과는 성공의 원동력이지만 성과를 잴 수 없을 때는 네트워크가 원동력이 된다고 주장합니다. 주변에서 제공하는 기회나 주변인의 인정이 성공을 좌우할 수 있다는 말입니다. 그리고 "당신의 성공은 당신 혼자서 이룬 업적이 아니다. 그것은 우리가 함께 이룬 성공이다"라고 강조합니다. 즉 성공은 주위 네트워크의 정보 제공, 기회 제공, 실력 인정, 평판 등이 절대적인 영향을 끼친다는 것입니다.

다섯째, 궁하면 방법을 찾게 됩니다.

커리어 비전으로 5년의 미래상을 설정했지만 4년이 지나도록 진척되지 않는 경우도 적지 않습니다. 비전을 설정한 첫해부터 술술 풀리고 달성되는 경우는 그리 많지 않습니다. 이런저런 방법을 모색하며 시행착오를 겪는 동안 3, 4년이 결과 없이 흘러가면, 행복을 위해 설계한 커리어 비전이 오히려 스트레스가 되기도 합니다.

그러나 필자의 경우 신기하게도 약속한 5년이 다가오면 '데드라인 효과'가 일어나 해결안이 마련되는 경험을 하곤 했습니다. 퓰리처상 수상자인 저널리스트 크리스토퍼 콕스는 저서 『데드라인 이펙트』에서 "급박한 상황에서 고차원의 지식과 생각이 나온다"라며 일정한 압박이 일의 효율과 창의성을 높인다고 데드라인 효과를 설명합니다. 비전 달성 과정도 비슷합니다. 달성 기한이 압박이 되면 생각지 못한 아이디어가 튀어나와 결과를 만들기도 합니다.

필자는 임원이 된 후 '학교에 장학금을 얼마 기부하겠다'라는 내용을 커리어 비전에 넣었습니다. 학교 다닐 때 몇 차례 장학금을 받아 학업을 이어 갈 수 있었기에 은혜를 갚아야 한다고 생각했습니다. 하지만 장학금을 기부하는 것은 생각만큼 쉽지 않았습니다. 설령 목돈이 생겨도 다른 쓸 곳이 꼭 생겨서 우선순위가 밀리곤 했습니다.

그렇게 4년이 흘렀습니다. 남은 시간이 별로 없어서 마음이 급해지는 상황이었습니다. 그런데 마지막 해에 필자가 나온 대학에서 입학 30주년 '홈커밍데이'를 하는데 필자에게 추진위원을 맡아 달라는 요청이 들어왔습니다. 추진위원이 하는 일은 같은 과 동창들을 찾아내 행사에 참가하게 하고 장학금을 모아 학교에 기부하는 것이었습니다.

그때 머리를 스치는 생각이 있었습니다. '추진위원이 돼서 동창들이 장학금을 제대로 내게 하면 비전을 더 크게 달성하는 것 아닐까.'

그로부터 3개월 동안은 퇴근 이후 시간을 활용해 동창들을 수소문했습니다. 해외에 있는 동창들까지 열심히 찾아냈고, 형편에 맞게 장학금을 기부하도록 권유했습니다. 그들이 장학금을 내도록 할 마중물이 필요했기에, 커리어 비전에 써놓은 금액을 장학금으로 먼저 기부하며 솔선수범하는 모습을 보였습니다.

드디어 홈커밍데이 날, 필자는 깜짝 놀랐습니다. 전체 19개 학과 중 졸업 인원수는 뒤에서 2위인 필자의 학과가 장학금 기부 순위에서는 앞에서 4위를 차지한 것이었습니다.

그날 필자는 또 한 번 비전 설정의 놀라운 효과에 감탄하게 되었습니다. 원래 필자가 비전으로 정한 장학금의 5배를 기부하는 결과를 만들었기 때문입니다. 4년 동안 달성하지 못해 전전긍긍하던 비전이 홈커밍데이라는 우연한 기회를 통해 새로운 아이디어로 발현되면서 훨씬 더 크게 달성된 것입니다.

영국의 기업가 리처드 브랜슨은 한 인터뷰에서 이렇게 말했습니다. "행운은 늘 우리 곁에 있다. 느끼든 느끼지 못하든 행운은 끊임없이 일어나고 있다. 내가 다른 사람보다 특별히 더 운이 좋은 적도, 더 불운한 적도 없었다. 다만 차이가 있다면 운이 나에게 찾아왔을 때 그걸 잘 활용했을 뿐이다."

기회는 준비된 자만이 자신의 것으로 만들 수 있습니다. 궁하면 방법을 찾게 되고 기회를 놓치지 않게 됩니다.

챕터 V 요약

커리어 비전이 성공할 수밖에 없는 이유:
운과 기회의 비밀

커리어 비전은 구조적으로 달성될 수밖에 없습니다. 성장 관점에서 수립되고 실행된 비전은 사람의 관점을 바꾸고, 행동을 바꾸고, 습관을 바꾸며, 궁극적으로는 운명을 바꿉니다. 또 실제 실행에 옮겨지기 때문에 원하는 결과 이상을 만들어 낼 확률을 높입니다.

먼저 미래의 내가 가깝게 느껴져 그 모습에 맞는 행동을 하게 됩니다. 예측 사고와 역예측 사고를 통해 비전으로 설정된 내 모습을 시각화하고, 그 모습에 다가가기 위해 바람직한 행동을 하게 합니다.

또한 시간 투자의 효율성이 커집니다. 중요한 일에 중요한 만큼의 시간을 투입하게 됩니다. 커리어 비전은 긴급한 일에 매몰된 일상을 변모시켜, 급하진 않아도 중요한 일에 시간의 우선순위를 두고 집중하게 만듭니다. 가치 있는 일에 시간을 투자하기 때문에 허송세월하는 시간이 줄어들 수밖에 없습니다.

뿐만 아니라 다섯 가지 행동의 복리 효과를 누리게 됩니다. 하루의 모든 시간이 비전과 연계돼 별도의 시간 계획표를 만들 필요가 없습니다. 비전 달성의 보고인 자투리 시간도 허투루 쓰지 않게 됩니다. 가는 곳마다 관심이 비전과 연계되는 효과를 얻게 되고, 네트워크의 도움을 얻게 돼 기대 이상의 성과로 연결됩니다. 그리고 비전에 대한 절실함이 강할수록 참신한 해결 방법을 찾게 됩니다.

VI

커리어 비전, 어디서부터 시작할까: 실행을 위한 5 Essences

변화를 원하는가? 그렇다면 환경을 바꿔라.

의지력에 매달리는 어리석은 짓은 이제 그만두자. (중략)

환경 설계는 다르다. 이는 당신의 성공을

불가피하게 만드는 조건들을 조성하는 것이다.

– 벤저민 하디 『최고의 변화는 어디서 시작되는가』 –

나만의 커리어 비전을 구체화하라

앞에서 커리어 비전의 실사례와 커리어 비전이 왜 달성될 수밖에 없는지에 대한 설명은 충분히 한 것 같습니다. 여기까지 이야기하면 많은 이들이 묻습니다. "커리어 비전은 이제 어떤 것인지 알겠습니다. 그럼 지금부터 뭘 해야 하나요."

커리어 비전을 어떻게 만들어야 하는지 구체적 실행 방안이 필요하다는 말입니다. 그래서 커리어 비전을 설정하고 실행을 시작할 때 가장 먼저 따라야 할 5가지 필수 원칙을 소개합니다.

첫 번째는 나만의 커리어 비전을 구체화하는 것입니다. 이때 자신이 해온 일에 대한 리뷰가 필요합니다. 어떤 경로를 통해 성장해

왔는가를 보고, 무엇보다 그 업무를 통해 배운 스킬이나 경쟁력을 정리해 보는 것입니다. 회사 외부에 내놓아도 좋을 만한 어떤 스킬을 확보했는지 그리고 그 스킬을 획득할 당시 어떤 커리어 비전을 목표로 스킬과 포지션을 설정했는지를 돌아보고, 해당 스킬과 포지션을 관통하는 요소들을 뽑아 핵심 경쟁력과 향후 커리어 비전을 설정해야 합니다.

오른쪽 표는 앞서 사례로 설명한 필자의 임원 이전 커리어를 포지션(직위)별로 일목요연하게 정리한 것입니다. 여러분도 이렇게 직무 경험과 습득 스킬을 바탕으로 자신의 차별화된 핵심 경쟁력을 정리해 보세요. 보다 명확하게 5년 후의 커리어 비전을 구체화할 수 있을 것입니다. 처음 하는 경우라면 작성이 쉽지 않을 수 있습니다. 하지만 모든 처음은 어렵습니다. 충분한 시간을 갖고 정리하고 또 계속 수정, 보완하는 방법으로 업그레이드하면 됩니다.

필자는 이를 통해 핵심 경쟁력과 커리어 비전을 정리할 수 있었습니다. 이렇게 '직접 작성하며 정리한' 자료는 실행에 큰 도움이 됩니다. 직접 작성한다는 것은 자신만의 개념과 정의를 명확히 한다는 것을 의미합니다. 여러분도 커리어를 표 등으로 직접 작성해 보세요. 커리어의 구체화는 명확한 커리어 비전을 세우기 위한 첫걸음입니다.

◉ 나의 커리어 구체화

포지션(직위)	부서 및 역할	역량/노하우
팀원	• 국내영업본부 유통기획부	• 국내 유통에 대한 이해 • 마케팅 전반 및 유통 마케팅의 기초 이해
대리	• 국내영업본부 유통기획부	• 맥킨지 상권 관리 방법론 이해 • 일본 유통점 및 할인점 유통에 대한 이해
과장	• Super A 팀 리더 • 종로영업팀장	• 혁신 업무 프로세스 및 문제해결 방법론 이해 • 프로젝트 방법론 이해 및 실제 수행 • 영업 현장 경험, 제도의 한계에 대한 이해
차장	• 조직문화팀장 • 인사팀장	• 조직문화에 대한 이해 및 변화 관리 방법론 • 사업과 연계한 조직 개발 및 운영 노하우
연수	• Global Executive MBA	• 사업, 마케팅, 금융 등 사업 전반의 방법론과 연계 구조 이해
부장	• LG전자 본사 채용팀장 • ㈜LG 인사팀 부장	• 마케팅으로서의 채용 프로세스 개발 • 지주회사 차원의 인사 관리 기획 및 인재 관리 역량
비임원담당	• LG생활건강 HR부문장	• M&A에 있어서 HR의 역할과 PMI(Post Merger Integration) 방법론

모든 일을 접근 프레임으로 보라

'접근 프레임'은 일의 결과로 얻게 될 유무형의 보상에 집중해 실행을 강화하는 사고방식입니다. 쉽게 말하면, 현대그룹의 창업자 고 정주영 회장의 "해봤어?"와 같은 방법입니다. 도전하고 성취하는 사람들의 프레임입니다.

실패할 가능성 때문에 처벌을 두려워하는 '회피 프레임'이 그 반대편에 있습니다. 안주하는 사람들의 프레임이죠.

실제 머릿속으로 수십 번 해보면서도 행동으로 옮기지 않는 사람들이 많습니다. 이것을 '노잉-두잉 갭(Knowing-Doing Gap)'이라고 합니다. 아는 것과 해본 것의 차이를 뜻합니다. 생각보다 많은 이들이

이 갭에 젖어서 변화를 행동에 옮기지 않습니다. "이미 그거 다 해봤어. 근데 안 돼!" "그걸 꼭 해봐야 아나?" 노잉-두잉 갭이 큰 사람은 실제로는 숨겨진 회피 프레임에 젖어 있는 사람입니다.

성취를 위해서는 남들이 뭐라 하든 해봐야 합니다. 사람은 단기적으로는 저지른 일을 후회하는 경향이 크지만, 장기적인 관점으로 보면 해버린 일에 대한 후회보다 하지 못한 일에 대한 후회가 더 크게 다가옵니다. 따라서 어떤 일이든 할까 말까 고민되면 해보라는 게 접근 프레임의 핵심입니다.

필자의 자투리 독서법 중 하나가 책 내용 가운데 실행해 볼 만한 일들을 찾아서 적어도 한 가지는 해보는 것입니다. 해봐야 책 내용이 기억에 남고 그 책이 내 것이 됩니다.

이는 커리어 비전에도 적용됩니다. 일단 커리어 비전을 세웠다면, 달성을 위해 필요하다고 생각되는 행동을 그저 알고만 있어서는 안 됩니다. 직접 실행해 보고 내 노하우로 장착할 수 있어야 합니다. 그래야 진정한 내 커리어 비전이 되고 달성으로 가는 길도 가까워집니다.

넛지(Nudge)와 디폴트(Default)를 활용하라

장기간의 커리어 비전을 달성하기 위해 당장 해야 할 일은 커리어 비전과 관련된 행동을 습관으로 만드는 것입니다. 예측 사고와 역예측 사고를 5년간 매일 하듯, 누적 적용되는 행동의 복리 효과를 누리려면 '행동의 습관화'는 필수적입니다.

행동경제학에서는 실행력을 강화하는 방법으로 '넛지(Nudge)'를 강조합니다. 넛지는 '팔꿈치로 슬쩍 찌르다'라는 뜻의 단어에서 유래한 방법입니다. 사람들의 선택을 강제하지 않고도 더 바람직한 방향으로 유도하는 방법을 말합니다. 이른바 좋은 선택을 할 수 있도록 환경이나 정보를 사전 설계하는 것입니다. 이는 주로 법이나 제도를 자연스럽게 정착시키려는 취지로 활용하지만 개인 차원에서도 행동 변화와 습관화를 위해 활용할 수 있습니다.

넛지에 주목하는 이유는 강제하지 않고도 실행력을 높일 수 있기 때문입니다. 학생들이 몸에 좋은 음식을 먹게 하려고 학교 식당의 건강한 메뉴 비율을 높이는 것, 고층 빌딩 근무자들의 건강 증진을 위해 엘리베이터 대신 계단을 오를 때 소비되는 칼로리를 표기하는 것 등이 대표적인 사례입니다. 즉 개입 강도를 높이지 않으면서도 정보를 제공하거나 선택 구조를 바꿔 선택 빈도를 높일 수 있습니다.

이와 비슷한 맥락에서 활용 가능한 또 하나의 방법이 '디폴트(Default)' 전략입니다. 디폴트는 선택을 하지 않을 경우 자동으로 적용되는 초기 값이나 설정, 옵션 등을 뜻합니다. 주로 IT 프로그램에서 쓰이지만 비전 설정과 실행에도 적용할 수 있습니다.

직장 연금에 가입하는 사람을 늘리기 위해서 입사와 동시에 연금에 자동 가입되게 하는 규정이 그 하나의 사례입니다. 입사 이후 연금 가입을 하게 하려면 많은 홍보와 설득이 필요하지만, 입사 시 자동 가입 방식을 채택하면 가입자 확보에 별다른 노력이 필요 없습니다.

또 하나의 사례가 장기 기증 방식입니다. 서구 국가 중에는 출생하면 자동으로 사망 시 장기 기증을 하게 설정한 곳이 있습니다. 태어나면서 모든 사람이 장기 기증을 하도록 되어 있으니 나만 하지 않겠다고 하기가 쉽지 않습니다. 당연히 높은 장기 기증률을 유지할 수 있어 굳이 장기 기증 캠페인을 할 필요가 없습니다.

두 전략 모두 선택의 자유를 보장하면서도 비강제적으로 행동 변화를 촉진하는 선택 설계를 기반으로 하고 있습니다. 또 금전적 보상이나 처벌 없이 인지적, 심리적 요인을 활용하는 방법입니다.

넛지와 디폴트 전략을 다른 말로 정의하면 '저절로 하게 되거나 하지 않으면 안 되는 구조'를 만드는 것입니다. 무언가를 사전에 정해 놓음으로써 별도의 행동이 없는 한 그 행동을 하게 되는 구조를 만드는 것입니다. 필자 역시 이러한 '하지 않으면 안 되는' 구조를 만들어 비전을 실행하고 있습니다.

필자는 부장이 된 해부터 별도의 일정이 없는 한 새벽마다 피트니스클럽에서 운동을 합니다. 비가 오나 눈이 오나 천재지변이 없는 한 매일 갑니다. 이런 이야기를 하면 많은 이들이 "정신력이 대단하다. 어떻게 하루도 빠지지 않고 갈 수 있느냐"라고 말합니다.

사실 습관이 되기 전까지는 쉽지 않았습니다. 그때 사용한 방법이 디폴트 전략이었습니다. 조금 지저분한 얘기지만, 매일 새벽 집에서 나올 때 '씻지 않고 나오는' 전략을 썼습니다. 직장생활 당시

기상 시각은 오전 6시, 출근 시간은 오전 8시였습니다. 일어나자마자 씻지도 않고 집을 나서면 피트니스클럽에 가도 출근 때까지 시간이 넉넉히 남았습니다. 그러니 샤워 전 1시간 정도는 자연스레 운동을 했습니다.

여기서 필자가 피트니스클럽을 통해 달성하려는 목표는 무엇이었을까요. 샤워가 아닙니다. 운동을 통해 체력 관리를 하는 것입니다. 즉 샤워는 피트니스클럽에 가지 않으면 안 되는 구조를 만드는 데 사용한 것입니다. 매일 운동을 하겠다는 목표를 위한 넛지인 것입니다.

또 다른 사례도 있습니다. 해외 영업 지원을 위해 영어회화 강좌를 들을 때 역시 매일 아침 가장 먼저 수업에 참석하는 필자를 두고 주변에서는 "정신력이 대단하다. 어떻게 하루도 빠지지 않고 갈 수 있느냐"라고 했습니다.

비결은 강의실 열쇠에 있었습니다. 지금은 대부분의 강의실이 비밀번호를 입력하거나 사원증을 찍으면 문을 열 수 있지만 당시만 해도 열쇠가 필요했습니다. 그 열쇠를 필자가 갖고 있겠다고 했습니다. 매일 필자가 문을 열지 않으면 강사는 물론 다른 수강생까지 강의실에 들어올 수 없는 구조를 만든 것입니다.

그러니 새벽이면 저절로 눈이 떠지고 강의실로 출발할 수밖에 없었습니다. 그렇게 5년간 영어회화 공부를 했고, 원하는 어학 점수를 획득해 MBA 기회를 만들 수 있었습니다.

루틴(Routine)을 리추얼(Ritual)화 하라

비전을 실현하는 사고와 행동방식이 일회성이어서는 행동의 복리 효과를 만들어 낼 수 없습니다. 습관화하는 것이 중요합니다. 그리고 습관들을 모아 하나의 실행 시스템으로 만들어야 합니다. '루틴(Routine)'을 만드는 것입니다. 의식적인 사고 과정 없이 자동적으로 항상 실행되는 시스템이 바로 루틴입니다.

루틴을 만들면 하루가 자연스럽게 비전 달성 행동으로 꽉 차서 별도의 시간 계획표 없이도 모든 행동이 비전과 연계됩니다. 이를 통해 비전 달성에 있어 긴급한 일이 아닌 중요한 일을 구분해 내고 거기에 시간을 집중 투입함으로써 실행력을 높일 수 있습니다.

루틴까지 가는 것도 쉽지 않지만 한 걸음 더 나아갈 필요가 있습니다. 의례화, 즉 '리추얼(Ritual)'까지 발전시키는 것입니다. 루틴이 성과와 성취를 위한 특정한 일상적 행동의 반복이라면, 리추얼은 일상의 행동에 의미를 부여해 반복함으로써 그 시간을 나를 위한 시간으로 바꾸는 의식이라고 말할 수 있습니다.

리추얼화된 루틴의 사례는 운동선수에게서 자주 볼 수 있습니다. 그들은 적어도 한두 가지 정도 경기와 관련해 시행하는 정교한 루틴을 갖고 있습니다. 예를 들어 테니스 선수 라파엘 나달은 시합 전 반드시 얼음물로 샤워를 하고 경기장에서는 절대로 라인을 밟지 않는다고 합니다.

한번은 사람들이 그게 승부와 무슨 관계가 있냐고 물었습니다. 그러자 그는 "내가 승부와 관계없는 일을 왜 끊임없이 하고 또 하겠는가"라고 되물으며 "그것은 나를 시합에 임하게 하는 방법이자 내 주변과 머릿속에서 추구하는 질서가 일치하도록 정리하는 방법"이라고 말했습니다.[21] 승리를 위한 하나의 의식을 만든 것입니다.

루틴과 리추얼의 효과에 대한 연구 결과도 있습니다. 농구선수

21) 디미트리스 지갈라타스, '인간은 의례를 갈망한다', 민음사, 2024(나달 자서전에서 재인용)

가 슛을 하기 전에 공을 몇 번 바닥에 튕기는 등의 일정한 의례를 하면 성공 확률이 더 높아진다는 것입니다. 운동 경기와 같이 점수를 얻기 쉽지 않거나 승부에 불확실성이 높은 경우일수록 리추얼화된 루틴이 많고, 더 힘든 상대를 마주하거나 더 수준 높은 경기에서 경쟁할 때 루틴이 증가한다는 것도 밝혀졌습니다.[22)]

이는 우리의 뇌가 끊임없이 예측을 멈추지 않고 주위의 모든 곳에서 일정한 패턴과 규칙성을 찾는 경향이 있기 때문입니다. 예측 가능성이 제한될 때, 즉 불확실성이 높은 불안한 상황에서 루틴과 리추얼이 일정한 질서를 부여함으로써 상황을 통제하고 있다는 통제감을 만들어 주는 것입니다. 이런 행동이 운동선수로 하여금 스스로 불안을 달래서 통제감을 되찾을 수 있도록 돕기 때문에 실력을 더 잘 발휘할 수 있게 한다는 원리입니다.

비단 운동선수뿐 아니라 우리의 일상도 다를 바 없습니다. 현대인은 매일같이 벼랑 끝으로 내몰리며 성과를 내도록 요구받습니다. 하지만 대부분 의지할 사람 없이 혼자 상황을 감당하면서 고립감과 일이 잘 안될 것이라는 불안감에 시달립니다. 이럴 때 습관화

---

22) 디미트리스 지갈라타스, 『인간은 의례를 갈망한다』, 민음사, 2024(Zaugg. M. K(1980)에서 재인용)

된 루틴과 리추얼은 일의 효과성을 높이고 마음에 안정감을 주는 효과를 발휘할 수 있습니다. 평범한 일상 속에서 자신에게 의미 있는 행동을 찾아 그것을 반복하는 노력을 통해 내 삶에 집중하고 삶의 주인으로 살아간다는 자존감을 키울 수 있습니다.

필자 또한 매일 그런 감정을 느끼며 살아왔습니다. 피트니스클럽의 뜨거운 사우나에서 머릿속 긴장을 풀고, 트레드밀에서 걷고 뛰며 하루의 일과를 계획하거나 새로운 아이디어를 개발하곤 했습니다. 일이 진척되지 않을 때는 자투리 시간에 책을 읽으면서 당장에는 답이 안 나오더라도 곧 해결책을 찾을 수 있다는 기대감을 가졌습니다. 이런 루틴과 리추얼이 불확실성 속에서도 지속하는 힘을 만들었고 누적 효과를 가져왔다는 확신을 갖고 있습니다.

초기 시행착오를 극복하라

커리어 비전 실행을 위한 마지막 원칙은 초기 시행착오를 인정하고 '우회축적'을 인내하는 것입니다. '우회축적'은 윤석철 전 서울대 경영학과 교수가 저서 『삶의 정도』에서 제시한 개념으로, 그는 '목적함수를 최단 시간에 달성하기 위해 그에 적합한 수단 매체를 축적하는 전략'이라고 정의합니다.

처음 커리어 비전을 수립하고 실행하게 되면 습관화는 고사하고 시행착오를 겪기 마련입니다. 이때 초기 시행착오를 어떤 프레임으로 보는가가 중요합니다. 쉽지는 않지만 시행 초기부터 실패가 있을 수 있다는 사실을 인식하고, 이에 대응하는 사고방식을 가져야만 지속해서 실행해 나가는 힘을 얻을 수 있습니다.

실행 초기에는 '우회축적 잠복기간'이 있음을 알고 있어야 합니다. 윤석철 교수는 모든 투자는 우회축적 잠복기간이 있으며, 장기적인 성공을 위해서는 목표 달성 수단이 축적될 때까지 단기 손실을 감수해야 한다고 말했습니다. 단기적으로는 손해를 보지만 장기적으로 보면 우회축적 잠복기간을 경험한 경우가 그렇지 않은 경우보다 훨씬 더 큰 성과를 내게 된다는 이유였습니다.

그리고 이를 가파른 고개를 오르는 트럭 운전에 비교했습니다. 현명한 운전자는 고개를 만나면 그 자리에서 바로 출발하지 않습니다. 얼마간 후진해 가속 거리를 확보함으로써 운동 에너지를 축적하고 그 에너지를 발산시키면서 고개를 넘습니다. 멀리뛰기도 마찬가지입니다. 처음에는 도움닫기 멀리뛰기가 제자리 멀리뛰기보다 거리를 손해 보는 듯하지만, 일정 거리를 뛰어오는 동안 운동 에너지를 축적해 결국은 도움닫기를 하는 편이 더 멀리 뛸 수 있습니다. 이처럼 훗날의 원대한 목표를 위해 오늘의 무엇인가는 희생될 수 있다고 받아들이고 손해를 감수하는 자세가 필요합니다.

또한 커리어 비전을 실행하면서 기존에 하던 행동을 바꾸려면 초기에 많은 에너지가 들어간다는 사실도 알고 있어야 합니다. 우리는 행동할 때 '관성의 법칙'을 적용받습니다. 아무런 개입이 없을

◉ 우회축적 효과의 시간 차원[23)]

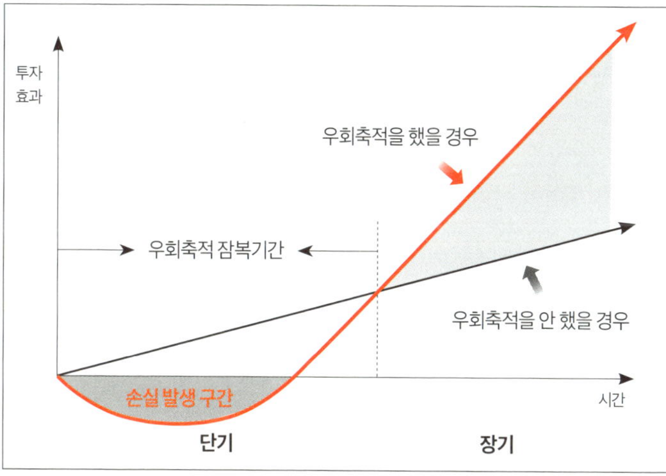

경우 기존의 행동을 하도록 프로그램화되어 있습니다. 이 프로그램을 바꾸려면 새로운 대안이 필요합니다.

즉 관성의 법칙을 떨치는 데는 많은 에너지가 필요합니다. 마치 우주선이 지구 중력을 떨치고 이륙하기 위해 몇 분간 투입하는 에너지의 양이 나머지 비행에 들어가는 연료량보다 많은 것과 같습니다.

23) 윤석철, 『삶의 정도』, 위즈덤하우스, 2011, 필자 일부 수정

또한 실행 초기에는 실행 결과를 '성취 프레임'이 아니라 '학습 프레임'으로 바라볼 필요가 있습니다. 성취 프레임은 모든 일을 성공과 실패로 판단하는 것입니다. 실행 초기에는 성공할 수도 있지만 시행착오를 겪을 수도 있습니다. 따라서 모든 일을 성취 프레임으로 바라보면 실패를 겪을 때 좌절하고 포기하기 쉽습니다.

반면 학습 프레임으로 본다는 것은 '실패에서 무엇을 배울 수 있는가'를 생각하는 것입니다. 학습은 무엇을 성공했을 때도 일어나지만 실패했을 때도 일어납니다. 어쩌면 더 뼈저린 학습이 가능합니다. 따라서 실패를 통해 왜 실패했는지, 그래서 무엇을 배웠는지 리뷰해 보는 것이 중요합니다.

우회축적 효과가 더 큰 힘을 발휘하는 이유는 시행착오 끝에 만들어진 실행 결과가 한 단계 도약하는 시스템이 되기 때문입니다. 하나의 커리어 비전이 반복되는 성공과 실패의 되먹임(Feedback)을 통해 아웃풋을 향해 가는 효율적인 시스템이 뒷받침되면 성공이 성공을 낳고 실패가 반복되지 않도록 할 수 있습니다.

세상의 많은 발견과 발명은 수십 배수에 달하는 도전과 실패를 디딤돌로 탄생했습니다. 그 과정에서 수많은 리뷰와 반성이 있었고 포기하기 직전에 이뤄진 것도 수없이 많습니다.

커리어 비전 달성으로 가는 길도 마찬가지입니다. 성공의 요인과 실패의 교훈을 피드백해 한 단계 도약하고, 성공이 성공을 부르는 길로 나아가야 합니다.

챕터 VI 요약

커리어 비전, 어디서부터 시작할까: Just Do It!

5년이라는 긴 기간의 비전을 수립해서 실행하는 일은 결코 녹록지 않습니다. 그러나 뭐든지 첫걸음이 중요합니다. 다음 발을 내딛게 하기 때문입니다.

먼저 자신만의 커리어 비전을 구체화해야 합니다. 무엇보다 기록을 해야 머릿속의 추상적인 생각들이 정리되고, 실행 후에도 객관적인 리뷰가 가능해집니다. 자신의 경력과 성장 경로 및 스킬, 경쟁력 등을 명확히 작성해 보면 비전의 구체적인 모습을 추출할 수 있고 실행 항목도 도출됩니다.

또한 노잉-두잉 갭을 해소해야 합니다. 말 그대로 '해봐야' 합니다. 모든 일에 최선의 결과와 보상을 예상하고 실행에 옮기는 접근 프레임을 가져야 합니다.

그리고 실행을 지속하기 위해 바람직한 행동을 습관화해야 합니다. 이때 바람직한 행동을 쉽게 선택할 수 있는 넛지와 별도의 노력을 기울이지 않고 자동적으로 하게 만드는 디폴트 전략을 활용해 '안 하면 안 되는 구조'를 만들어 행동을 습관화하고 습관을 몸에 붙여야 합니다.

이런 습관들을 모은 것이 루틴과 리추얼입니다. 하루를 비전 달성의 습관들로 꽉 채워 나가는 활동입니다. 매일 비전과 연계된 활동을 하는 시간을 정해서 집중력 있게 추진하고 지속적으로 꾸준히 실천함으로써 스킬 수준을 높여 나가는 노력을 해야 합니다.

한편 실행 초기는 항상 삐걱대기 마련입니다. 시행착오는 성공의 필수불가결한 조건이라고 해도 과언이 아닙니다. 초기에는 기존 행동과 새로운 행동이 모두 진행되므로 2배가 넘는 에너지가 소요됩니다. 게다가 초기에는 우회축적 잠복기간이라는 암초가 기다립니다. 일정 수준에 오르기까지 오히려 손해를 감수해야 합니다. 이와 같은 실행 초기의 어려움을 미리 인지하고 있어야 좌절하지 않고 계속 나아가는 힘을 얻을 수 있습니다.

VII

커리어 비전과 행복의 함수

사람이 자기 운명과 그에 따르는 시련을 받아들이는 과정,

다시 말해 자기 십자가를 짊어지고 나가는 과정은

그 사람으로 하여금 자기 삶에 보다 깊은 의미를 부여할 수 있는

폭넓은 기회–심지어 가장 어려운 상황에서도–를 제공한다.

그 삶이 용감하고, 품위 있고, 헌신적인 것이 될 수 있다.

– 빅터 프랭클 『죽음의 수용소에서』 –

커리어 비전이 바꾼 사람들

LG CNS에서 근무하던 때 뜻밖의 이메일 한 통을 받았습니다. 이전 직장의 직원이 보낸 것이었는데, 이름을 보니 몇 년 전 커리어 비전 워크숍에서 강의 후 씩씩하게 질문을 하던 모습이 어렴풋이 기억났습니다.

자신을 영업사원으로 소개한 그는 삶에서 필자의 강의가 큰 방향 지시등이 되었다며 염치 불고하고 이번에도 조언을 구한다고 했습니다. 어려운 가정 환경에서 자라 남들보다 대학 진학이 늦었기에 아직도 갈 길이 멀다는 말과 함께 자신의 상황에 대해 먼저 상세히 밝혔습니다. 다음은 그 대략적 내용입니다.

나이 36세, 기혼, 전업주부 부인과 4살 딸

입사 9년차, 3년간 시판 영업, 4년간 백화점 영업. 현재 면세 영업 근무 중

- 장점: 빠른 실행력, 고객/조직 친화력
- 단점: 기획력, 보고서 작성 능력
- 어학: 영어 중상, 중국어 중
- 취미: 테니스, 헬스, 독서, 음악 감상

워크숍 당시 필자가 한 말을 거의 기억하고 있던 그는 워크숍 내용을 바탕으로 커리어 비전을 설정했고 이를 실행하고 있다는 소식을 이어 전했습니다.

- 스킬/포지션 비전: 중국과 온라인에 전문성을 가진 화장품 영업전문가
- 개인 역량 비전: 중국어 상급, 온라인 플랫폼 공부
- 재무 비전: 서울 지역 아파트 매입

그리고 이러한 커리어 비전 실행을 위해 도전한 내용을 밝혔습니다.

- 스킬/포지션 비전: 온라인 영업 부서로 직무 이동(회사 잡포스팅 활용)
- 개인 역량 비전: 회사 중국어 집중 프로그램 지원, 이수
- 재무 비전: 부동산 신문 탐독→마포 소형 아파트 매입

그의 메일을 읽으며 큰 감명을 받았습니다. 필자의 강의에 영향을 받아 이렇게 자신의 커리어 비전을 수립하고 실행하는 사람이 있다는 사실과 오히려 필자보다 훨씬 과감한 도전을 통해 진취적인 삶을 살고 있다는 데 놀라고 감동할 수밖에 없었습니다.

그래서 당장 답장을 썼습니다. 5년 후 '중국 판매법인 주재원'으로 스킬/포지션 비전을 보다 구체적으로 정해 보면 어떻겠냐는 조언을 했고, 전업주부인 부인과 자녀를 위한 가족 비전을 세우면 좋겠다는 의견도 덧붙였습니다.

또 한번은 커리어 비전 워크숍 담당 팀장이 직접 후일담을 전해 왔습니다. 임원과 팀장의 성공 스토리를 취재하기 위해 인터뷰를 했는데, 많은 이들이 커리어 비전 워크숍 이야기를 했다고 했습니다. 특히 한 임원의 말이 인상 깊었습니다.

"길을 잃고 퇴사를 고민하던 시기에 커리어 비전 워크숍에 참여했습니다. 그것이 인생의 터닝 포인트가 되었습니다. 내가 나아갈 방향을 다시 세우게 되었고 있는 힘을 다해 노력한 결과, 1년 만에 팀장이 되고 승진을 거듭해 지금 여기에 있습니다. 그때 워크숍 담당자를 다시 만나게 된다면 감사하다고 인사 드리고 싶었습니다."

이 외에도 크고 작은 커리어 비전 실행 사례와 에피소드들이 있습니다. 워크숍을 진행해 보면, 조별로 자신이 수립한 커리어 비전을 공유하는 시간은 마치 종교단체의 간증 시간 같습니다. 길을 잃었던 과거를 돌아보며 후회하기도 하고 가족 비전을 이야기하면서 울먹이기도 합니다.

그런 과정을 거친 후 워크숍을 끝내고 나갈 때면 미래에 대한 구체적인 희망을 품고 있는 것을 자주 목격하곤 했습니다. 커리어 비전이 자신과 가족의 행복과 직결된다는 확신을 갖게 한 순간들입니다.

커리어 비전이 만드는 행복

앞서 여러 번 강조했지만, 커리어 비전은 도전하는 것만으로도 그렇게 하지 않은 사람과 큰 차이를 만들어 냅니다. 적어도 자신이 어디에 있는지 정확하게 알 수 있어 길을 잃지 않게 합니다. 커리어 비전은 나침반으로서 역할을 해냅니다. 또한 지금 하고 있는 일의 의미를 알게 해줍니다. 나에게 정말 필요한 일이고, 나를 설레게 하는 도전이며, 이 길을 달려가면 어디까지 도달할 수 있을지도 알려줍니다.

그러다 비로소 커리어 비전을 달성하게 되면 차이는 훨씬 더 크게 벌어집니다. 행동의 복리 효과를 만들고, 작은 성공이 큰 성공을 부르며, 하나의 성공이 또 다른 성공으로 이어집니다. 만약 처음에 수립한 커리어 비전을 달성하지 못해도 방향을 틀거나 목표를 재정의해 또 다른 커리어 비전을 세우는 계기가 됩니다.

어려움을 극복하고 커리어 비전을 달성하게 되면 무엇보다 그것을 위해 무엇을 했고 효과적인 것이 무엇인지 알게 됩니다. 또한 그 결과로 자신감을 얻게 됩니다. 도전적인 목표를 달성하기 위해 습득한 스킬과 노력은 이후의 인생을 사는 데 소중한 노하우가 됩니다.

자기 효능감은 커리어 비전 달성의 값진 열매입니다. 스스로 설정하고 추진한 비전이 달성되고 나면 자신의 고민과 노력으로 이뤄졌다는 사실에 기쁨과 더불어 자신감이 충만해집니다. 내 삶이라는 불모지를 내가 개척하고 일구어서 열매를 거둔다는 사실만큼 기쁜 일이 있을까요. 나의 역량과 노력에 대한 자신감, 성취감을 대신할 것은 많지 않습니다.

행복은 불행이 없는 편안한 상태가 아닙니다. 그 불행을 넘어서는 도전을 할 때 만들어지는 것입니다. 커리어 비전은 자신만의 것을 만들어 기존의 나를 넘어선 바람직한 나를 향해 도전하도록 하기 때문에 행복과 연결될 수 있습니다. 성공과 실패를 몸소 겪으며 결국에는 비전 달성의 희열을 느낄 때 행복감은 절정에 이르게 됩니다.

커리어 비전은 지도가 아니라 나침반입니다. 당장 눈앞의 문제를 해결해 주고 길을 제시해 주지는 않지만, 직장생활이나 인생의 긴 행로에서 길을 잃지 않고 내가 가치를 두는 지향점을 향해 가게 하는 역할을 합니다. 또한 실패했을 때 당장의 고통이 헛되지 않고 내일의 결실로 연결된다는 확신으로 우리를 인도하는 북극성이 됩니다.

커리어 비전은 누구나 가질 수 있고 실행할 수 있습니다. 모든 사람이 커리어 비전을 갖고 살아간다면, 세상에는 능력을 갖고 있으면서도 길을 잃는 사람이 사라질 것입니다. 모두가 의미 있는 성장을 추구하는 인생을 살아갈 때, 무수히 많은 실패와 성공은 행복의 원천으로 변화됩니다.

나를 넘어서 공동체의 행복으로

커리어 비전 달성은 나 자신에 대한 효능감을 극대화하는 동시에 내 자아의 크기를 키워 줍니다. 뿐만 아니라 나를 넘어 가족과 공동체에서도 긍정적 효과가 발현됩니다. 내 커리어 비전 달성은 가족 비전에 긍정적인 영향을 끼치고, 나아가 나와 내 가족이 속한 공동체나 커뮤니티로 그 영향이 확장됩니다.

필자의 경우도 가족을 넘어 점차 소속 공동체까지로 역할을 확대해서 커리어 비전을 수립하게 되었습니다. 앞서 언급한 장학금 기부가 바로 그 사례입니다. 크든 작든 커리어 비전을 설정하면서 나를 둘러싼 가족이나 공동체, 이해관계자에게 선한 영향을 끼칠 수 있다면, 결국 그것은 사회 전체의 성장에도 기여하게 될 것이라 믿습니다.

'혼자서 여럿이 여행하기'라는 말이 있습니다. 문법에는 안 맞는 말 같지만 깊은 뜻이 담겨 있습니다. 인생은 엄밀히 말해 혼자서 하는 고독한 여행입니다. 그러니 험난한 여행길을 혼자서 갈 수 있을 때 비로소 옆에 있는 가족, 공동체 사람들과도 함께 여행할 수 있다는 뜻입니다. 또한 혼자서 하는 여행이 행복해야 다른 이들과 함께 하는 여행도 행복할 수 있다는 뜻이기도 합니다.

커리어 비전을 갖고 자신감 있게 직장생활을 개척해 나가는 것은 나는 물론 주변의 많은 사람들이 행복해지는 길과 연결됩니다. 내가 행복해야 여럿이 함께하는 여정도 행복할 수 있습니다. 커리어 비전의 달성은 결국 나의 행복에서 비롯해 가족과 주변 사람, 사회 공동체까지 행복하게 만드는 시작이 될 수 있습니다.

누구나 커리어 비전을 갖고 있다면

커리어 비전은 개인의 내적 동기를 만드는 역할을 합니다. 직원 모두가 내가 서 있는 곳과 가야 할 곳을 모색해 보고, 목표로서 추진해 보며, 사외에서도 통용되는 핵심 경쟁력을 확보할 수 있다면 회사 전체의 경쟁력은 한층 높아질 것입니다.

대부분의 조직은 2:8 법칙의 지배를 받습니다. 소수의 인원이 대부분의 성과를 만들어 내기 때문에 모두가 메인 스트림에 속할 수는 없습니다. 하지만 조직의 누구나 자신만의 커리어 비전을 갖고 있다면 3:7 법칙, 나아가 5:5 법칙이 가능한 조직으로 변모할 수 있습니다.

개인의 관점에서도 회사가 놓치기 싫은 핵심 인재로 커 나갈 수 있고, 설령 회사를 떠나더라도 회사에서 길러진 핵심 경쟁력을 활용해 다른 커리어 비전을 만들 수 있습니다.

결국 회사의 성장과 개인의 성장을 일치시키는 것이 회사에도 좋고 개인에게도 좋은 방향입니다. 회사는 성장하는데 개인은 성장하지 않는 조직은 오래 지속될 수 없습니다. 거꾸로 회사는 성장하지 않는데 개인만 성장하는 경우는 조직력을 발휘할 수 없어 쇠락의 길로 갈 수밖에 없습니다.

개인에게 성장의 기회와 그에 매진할 수 있는 환경을 제공하는 회사, 자신의 성장을 회사의 전략 방향과 연계해 커리어 비전을 수립하고 매진하는 개인, 이 둘이 조화를 이룰 때 개인도 성장하고 회사도 성장하는 윈윈(Win-win)의 조직문화가 형성될 수 있습니다.

필자가 다닌 회사는 '인간존중경영'이 경영철학 중 하나였습니다. 이 인간존중경영을 필자는 '회사의 성장과 나의 성장을 일치시키는 것'으로 정의했습니다. HR을 담당하는 사람으로서 두 성장을 일치시키도록 돕는 것이 필자 개인의 인간존중경영이라고 생각했습니다.

이제 개인과 회사의 성장에 대한 '코페르니쿠스적 전환'을 꾀해야 할 때가 왔습니다. 회사의 성장만을 도모하던 과거의 패러다임에서 탈피해 개인의 성장을 지원하고, 그 성장을 회사의 성장으로 연결한다는 사고의 전환이 필요합니다.

우리나라는 초고령 사회가 되었고 인구는 국가의 존립 자체를 위협할 정도로 급감하고 있습니다. 그래서 현재 일하고 있는 사람 하나하나의 생산성이 더 중요해지고 있습니다. 이런 때에 누구나 자신의 커리어 비전을 확고하게 갖고 있다면 개인의 성장과 회사의 성장이 일치돼 함께 성장하는 방향으로 나아갈 수 있습니다. 커리어 비전을 향해 도전하는 개인과 그들을 통해 더욱 성장하는 회사, 사회 그리고 국가가 된다면 많은 문제를 쉽게 풀 수 있지 않을까요.

필자의 커리어 비전은
현재 진행형입니다

필자는 2025년 3월 말 퇴임했습니다. 퇴임한 사람에게는 커리어 비전이 없을까요. 그렇지 않습니다. 필자는 퍼스트 라이프가 끝나고 세컨드 라이프가 시작되었습니다. 커리어 비전은 퇴임 이후의 세컨드 라이프에도 그대로 적용될 수 있습니다.

35년이 넘는 직장생활 동안 필자는 9번의 커리어 비전을 만들었고, 부서 이동과 퇴임으로 변경한 2번을 제외하고 총 7차에 걸쳐 커리어 비전을 실행에 옮겼습니다. 그리고 이제 직장인이 아닌 '개인'으로서 첫 번째 커리어 비전을 수립했습니다. 참고로 아직 완성 단계는 아니지만 수정 보완을 거쳐 곧 확정할 계획입니다.

◉ **8차 커리어 비전**

항목	5년 후 장래상	실행 방안
스킬/포지션 비전	• 커리어 비전에 핵심 경쟁력을 가진 비전코치 • 인문학 전문 고전 독서클럽 운영자	• 관련 저술 2권, 코칭 경력 3년 • 독서클럽 출석 회원 수 3배 달성
개인 역량 비전	• 건강 회복 (체질량지수 정상화) • 1년에 52권 독서 (고전 비중 50%)	• 퍼스널 트레이너 활용 등 운동 습관화 • 매월 4~5권 책 사기
가족 비전	• 부부 여행 버킷리스트 10곳 달성 • 딸의 결혼과 육아	• 총 25곳 중 원거리 10곳 우선 여행 • 딸의 결혼 비용 지원
재무 비전	• 4층 연금을 중심으로 한 현금 흐름 목표 달성	• 프라이빗 뱅커 서비스 활용

이번 커리어 비전은 직장생활을 하면서 필자가 쌓은 스킬과 전문성을 활용해서 퇴직 이후에 할 수 있는 일들과 가족 비전 그리고 재무 비전을 정리한 것입니다. 모두 시작 단계에 있으며 꽤나 도전적인 목표치를 설정했습니다. 퇴직 후 첫 커리어 비전이라 상황에 따라 수정이 필요할 수도 있고, 시행착오도 각오해야 할 것 같습니다.

하지만 필자는 늘 다짐합니다. '어디 있는 게 중요한 것이 아니

다. 무슨 생각을 하면서 사는가가 중요하다.'

어디에 있든지 현재의 기회를 최대한 활용해서 미래를 위한 실행 시스템을 만드는 게 중요합니다. 커리어 비전은 어떤 상황이든 자신의 특성과 처한 환경에 맞춰 수립하고 실행해 나갈 수 있다는 것이 장점입니다. 그러니 변경도, 시행착오도 두려워할 필요는 없을 것 같습니다.

나오며

누구나 자신의 인생을 살아갑니다. 저마다 행복한 삶을 꿈꾸고, 자신만의 의미 있는 스토리를 만들기를 기대합니다.

이어령 이화여대 교수는 어떤 인생이 럭셔리한 인생이냐는 질문에 "나는 소유로 럭셔리를 판단하지 않아. 가장 부유한 삶은 이야기가 있는 삶이라네. '스토리텔링을 얼마나 갖고 있느냐'가 그 사람의 럭셔리지"라고 답했습니다.[24)]

---

24) 김지수 & 이어령, 『이어령의 마지막 수업』, 열림원, 2021

커리어는 그 사람의 스토리입니다. 그리고 커리어 비전은 스토리를 만드는 핵심 소재입니다. 세일해서 싸게 산 다이아몬드보다 어머니가 물려준 철 지난 스카프가 더 귀하다는 이어령 교수의 말처럼, 인생의 스토리가 스며 있는 것이 바로 럭셔리입니다. 이런 측면에서 커리어 비전은 자신의 내면이 반영된 세상 유일한 것이므로 럭셔리한 인생을 만들 수 있습니다.

필자는 일생 동안 가꿔 온 커리어 비전과 그 열매들이 삶을 럭셔리하게 만들었다고 생각합니다. 과감한 비전을 설정하고 거기에 도전해서 만든 성공과 실패가 스토리를 만들었고, 그 과정에서 얻은 교훈이 삶의 지혜가 되었습니다. 때때로 찾아온 어려움 속에서 도전이 빚어낸 아름다운 무늬가 필자만의 유니크한 스토리가 되었습니다.

여러분도 마찬가지일 것입니다. 설령 애써 세운 커리어 비전이 외부 사정에 의해 달성되지 못하더라도 그 과정에서 만든 핵심 경쟁력은 남아서 자존감 있고 자족하는 나를 만들어 줍니다. 게다가 내 가치관에 맞게 자발적으로 수립해 내적 동기가 충만한 커리어 비전은 나뿐 아니라 주위 사람들까지 행복하게 할 수 있습니다.

삶은 개인적인 것이라고 합니다. 하지만 행복은 관계가 만들어 냅니다. 다만 오롯이 자신의 스토리텔링을 가진 사람이 '혼자서 여럿이 여행하기'라는 관계의 행복을 빚을 수 있습니다.

다시 이 책의 서두로 돌아가 봅시다. 혹시 지금 어디에 있는지 길을 잃었나요. 어디로 가는지조차 알지 못한 채 무작정 나아가고 있나요. 그래서 인생의 3분의 1의 시간을 차지하는 직장생활에서 행복하지 못한 월요일 아침을 맞고 있나요.

커리어 비전은 그런 당신에게 지금 어디에 있는지 알려 주는 삶의 좌표이자 어디로 가고 있는지 보여 주는 삶의 나침반이 될 것입니다. 그 속에는 매일 아침 힘차게 떠오르는 둥근 해를 크나큰 설렘으로 맞게 해줄 보물 지도도 포함돼 있습니다.

지금 바로 나만의 커리어 비전을 수립해 보세요. 나침반을 들고 진북 방향으로 북극성을 찾아 나서는 여정을 시작해 보세요.

35년 전, 회사와 경영을 전혀 몰랐던 한 신입사원이 삶의 방향을 찾아 스스로 커리어 비전을 만들었듯, 시행착오와 실패를 딛고 자족할 수 있는 직장생활을 만들었듯, 여러분도 할 수 있습니다. 아니, 더 잘할 수 있습니다. 필자보다 훨씬 큰 잠재 역량을 가진 이들이니까요.

커리어 비전을 통해 자신만의 스토리를 만드세요. 럭셔리한 나 자신을 발견하게 될 것입니다.

부록

커리어 비전 워크북

이 책의 내용을 기초로 독자 스스로 자신의 커리어 비전을 세울 수 있도록
프로세스를 정리했습니다. 순서대로 따라해 보세요.

사전 준비

스스로 질문을 해봅시다: 나의 성장감 진단

직장생활을 하면서 가장 중요한 것 중 하나는 성장감을 느끼고 있는지 여부입니다. 지금 다니는 회사가 매일 출근하고 싶은 회사인가. 나는 구체적으로 어떤 도전의식과 보람을 느끼고 있는가. 이것이 성장감의 중요한 속성입니다. 나의 현재 상태를 진단하기 위해 다음 질문에 답해 보세요.

- □ 나는 요즘 개인적으로나 직업적으로 성장하고 있는가?
- □ 나는 어제보다 오늘 더 나아졌는가? 나아진 것이 있다면 무엇인가?
- □ 나는 요즘 스스로 도전하고 있는 것이 있는가?
- □ 나는 매일 새로운 것을 배우고 있는가?
- □ 나의 성장 비전은 회사의 성장 전략과 어떻게 연계돼 있는가?

커리어 비전 디자인 7 Step

Step ❶

나의 경력과 학습한 스킬을 정리해 봅시다

구분	역할	전공/부서	학습한 스킬
학업	대학 이전		
	대학		
	대학 이후		
입사 전 (인턴 등 직업 관련 경험)			
회사	사원		
	대리		
	과장		
	⋮		
기타 경력			

Step ❷

나의 장점 3가지와 장점이 빛을 발한 크고 작은 성공 체험을 써보세요

	장점		성공 체험
①		→	
②		→	
③		→	

종합 정리	장점의 공통점	성공 체험의 공통점

Step ❸

나의 핵심 경쟁력(Employability)은?

① 나는 사회에 내놓아도 인정받을 수 있는

[ ] 분야의 핵심 경쟁력을 가지고 있다.

② 나는 남은 하지 못하나 나만이 할 수 있는

[ ] 스킬을 보유하고 있다.

③ 나는 오랜 기간에 걸쳐 전략적으로

[ ] 스킬을 축적해 왔다.

Step ❹

나의 핵심 경쟁력 분야나 연관 분야에서 회사가 사업을 확대하거나 큰 규모의 투자를 계획하고 있는 곳은 어디이며, 그중 내가 성장해 보고 싶은 분야는 어디인가요?

• 성장 기회 영역

지금 내 핵심 경쟁력 분야나 연관 분야 중 회사가 집중 투자하고 있는 곳은?

• 스킬 확대 가능 영역

성장 분야 중 내가 관심 있고 성장 가능한 분야는?

• 커리어 비전

내가 연관 분야에서 5년 후 기대할 수 있는 핵심 경쟁력과 포지션(직위)은?

Step ⑤

나의 커리어 비전을 완성해 봅시다

나는 5년 후에

	분야에 핵심 경쟁력을 가진
	이(가) 될 것이다.

Step 6

균형 잡힌 커리어 비전을 완성해 봅시다

	현재		5년 후
개인 역량 비전			
어학		→	
독서		→	
가족 비전			
배우자		→	
자녀		→	
부모		→	
재무 비전			
연금/IRP		→	
내 집 마련		→	
주식/부동산		→	

Step ⑦

앞에서 작성한 자료를 바탕으로 5년 후 커리어 비전을 정리해 봅시다

항목	5년 후 장래상	달성 방안	비고
스킬/포지션 비전			
개인 역량 비전			
가족 비전			
재무 비전			
[ ] 비전			

자투리 독서법

자투리 독서법은 평소 책 읽을 시간이 없다고 생각하는 이들을 위해 만들었습니다. 필자 또한 바쁜 시간을 쪼개 책을 읽을 수밖에 없었기에 '1년에 52권 읽기'를 달성하고자 나름대로 고안한 방법입니다. 그 구체적 실행 방안을 소개합니다.

❶ 읽을 책은 반드시 삽니다

두 가지 이유가 있습니다. 첫째, 내 돈을 투자하지 않은 책은 다 읽지 않는 경우가 많기 때문입니다. 둘째, 책을 지저분하게 봐야 하기 때문입니다. 즉 밑줄과 메모를 해야 하는데 빌려 온 책에는 할 수 없습니다.

❷ 반드시 가방 속에 책을 넣고 다닙니다

자투리 시간은 계획된 시간이 아닙니다. 수시로 생기기 때문에 그 즉시 책을 꺼내 보려면 행동 반경 안에 읽을 책이 있어야 합니다. 이를 위해 항상 가방을 가지고 다니고 그 속에 책 한두 권쯤은 넣어 놓습니다.

❸ 밑줄을 그어 가며 읽습니다

자투리 시간에 책을 읽다 보면 흐름이나 맥락이 끊길 수도 있습니다. 그래서 중요하다고 생각하는 부분이나 감동을 받은 부분, 경구 등에는 반드시 밑줄을 긋습니다. 빈 공간에 메모도 합니다. 그렇게 집중해서 조금씩 끊어 읽기로 끝까지 다 읽습니다.

❹ 목차와 밑줄 친 부분만 한 번 더 읽습니다

자투리 시간을 활용해 끊어 읽기로 완독을 하고 나면 문제가 발생합니다. 부분만 생각나고 전체 구조나 내용이 연결되지 않는 것입니다. 그래서 책을 다 읽은 다음에는 목차를 보고 밑줄 친 부분만 다시 한 번 읽습니다. 그러면 책의 전체 구조가 보이고 중요하다고 생각한 부분, 와닿았던 부분, 좋은 구절이 한눈에 들어옵니다.

❺ 주제나 키워드, 중요 내용을 메모합니다

4번까지는 1차 자투리 독서의 기본 과정입니다. 5번부터는 심화 과정입니다. 기억력이 좋지 않아 지식의 반감기가 짧은 필자는 중요한 내용을 별도의 PC, 휴대폰 앱, 노트 등에 메모해 둡니다. 장기 기억을 위해서 기록하는 것입니다.

❻ 메모를 공유합니다

메모나 밑줄 친 부분, 좋은 구절은 타인과 공유합니다. 그러면 더 기억하기 좋습니다. 필자는 세 가지 방법을 씁니다. 첫째, 강의 자료 만들 때 적극 활용합니다. 둘째, 모바일 메신저로 친구나 지인에게 좋은 구절을 보냅니다. 셋째, SNS로 불특정 다수에게 공유합니다.

❼ 책 내용 중 적어도 한 가지는 실행에 옮겨 봅니다

어느 책이든 따라해 볼 만한 내용이 있게 마련입니다. 필자는 미술 관련 책을 읽다가 미술 투자를 시작했습니다. 소설이나 인문학 책에도 평소 안 해본 일이 나오면 행동으로 옮겨 보며 새로운 세계를 경험합니다. 그러면 그 책을 더 잘 이해할 수 있습니다.

이것이 자투리 독서법입니다. 간단한 만큼 실행하기도 어렵지 않습니다. 다만 습관이 돼야 의미가 있습니다.

그런데 알고 보니 필자만 이렇게 읽고 있는 것이 아니었습니다. '배달의민족'을 운영한 김봉진 우아한형제들 창업자는 『책 잘 읽는 방법』에서 자투리 독서법과 유사한 방식으로 많은 책을 읽어 왔고 현재도 읽고 있다고 밝혔습니다. 책을 소중히 다루지 않기, 가방에 책 한 권 넣어 두기, 일주일에 한 권 읽기, 책 속의 글로 내 생각을 멋지게 전달하기 등 비슷한 방법을 소개하고 있습니다.

이렇게 자투리 독서법으로 책을 읽게 되면 매우 효과적으로 많은 책을 심도 있게 읽을 수 있습니다.

5년 후 나를 생각했을 뿐인데

초판 1쇄 발행 2025년 12월 24일
초판 2쇄 발행 2026년 1월 21일

지은이 김흥식

발행인 이창호
홍보·마케팅 이지완, 이동언, 김미미, 한정연
디자인 조운희
출판등록 1990년 5월 11일 제13-345호
주소 서울시 영등포구 여의공원로 101, 8층
문의전화 02-3786-0133
홈페이지 kmacbook.kmac.co.kr

ISBN 978-89-90701-67-1 13300

값 18,000원